キツネ目

グリコ森永事件全真相

岩瀬達哉

講談社

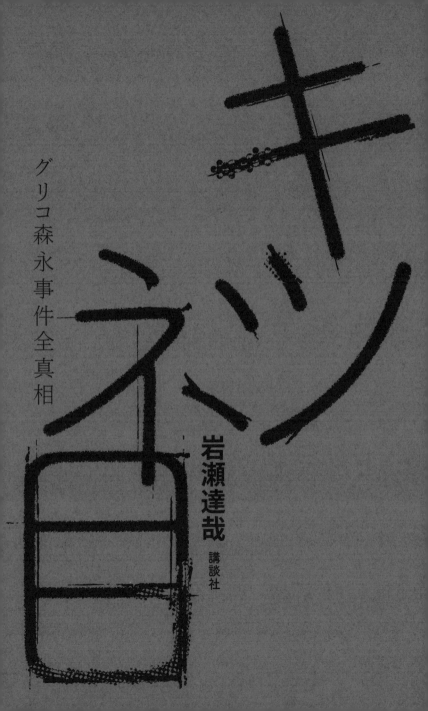

キツネ目

グリコ森永事件全真相

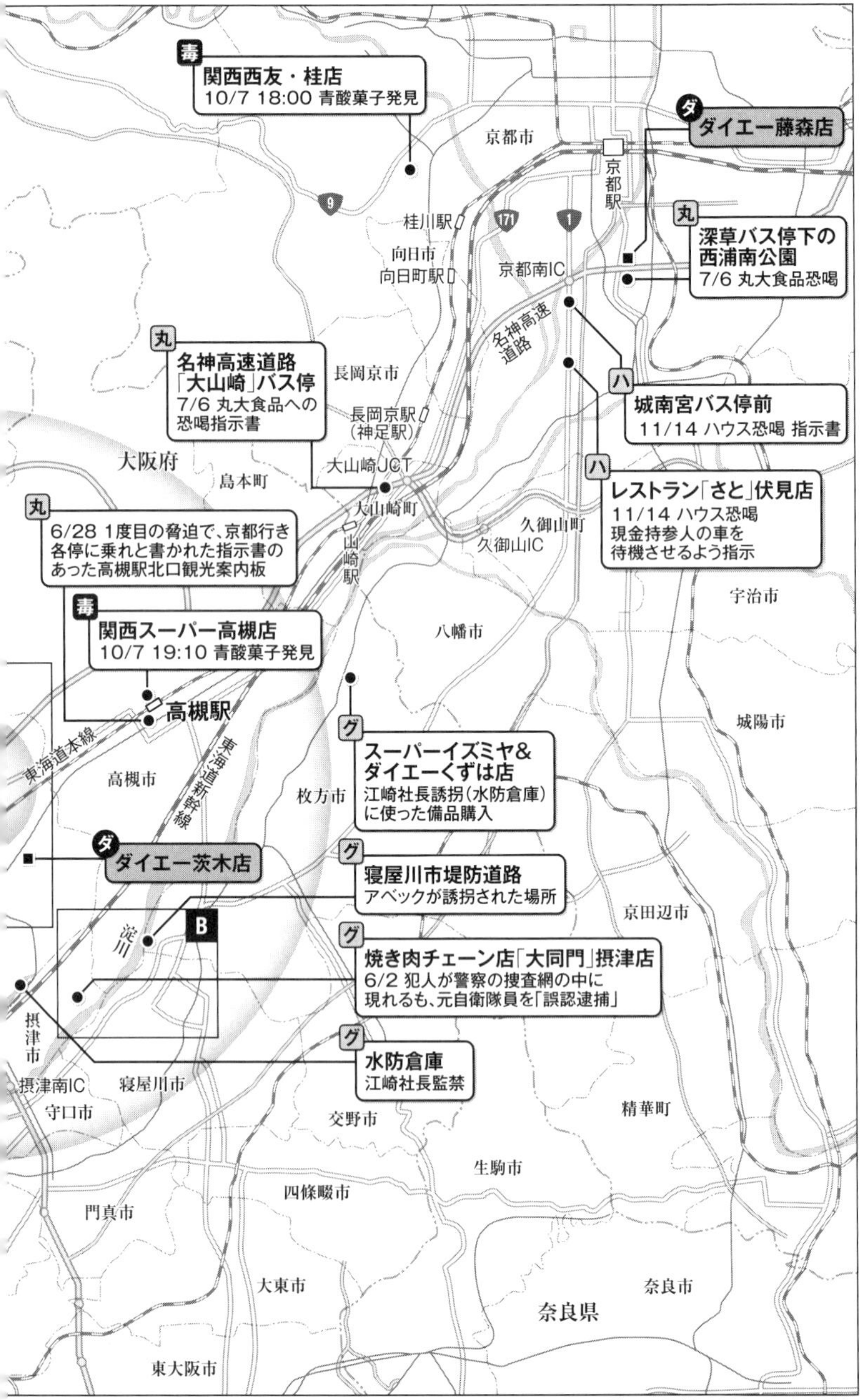
毒
関西西友・桂店
10/7 18:00 青酸菓子発見
ダ
ダイエー藤森店
京都市
京都駅
9
桂川駅
171
1
丸
深草バス停下の
西浦南公園
7/6 丸大食品恐喝
向日市
向日町駅
京都南IC
名神高速道路
丸
名神高速道路
「大山崎」バス停
7/6 丸大食品への
恐喝指示書
長岡京市
長岡京駅
(神足駅)
ハ
城南宮バス停前
11/14 ハウス恐喝 指示書
大阪府
島本町
大山崎JCT
ハ
レストラン「さと」伏見店
11/14 ハウス恐喝
現金持参人の車を
待機させるよう指示
大山崎町
丸
6/28 1度目の脅迫で、京都行き
各停に乗れと書かれた指示書の
あった高槻駅北口観光案内板
久御山町
久御山IC
山崎駅
宇治市
毒
関西スーパー高槻店
10/7 19:10 青酸菓子発見
八幡市
高槻駅
城陽市
東海道本線
東海道新幹線
グ
スーパーイズミヤ&
ダイエーくずは店
江崎社長誘拐(水防倉庫)
に使った備品購入
高槻市
枚方市
ダ
ダイエー茨木店
グ
寝屋川市堤防道路
アベックが誘拐された場所
京田辺市
淀川
B
グ
焼き肉チェーン店「大同門」摂津店
6/2 犯人が警察の捜査網の中に
現れるも、元自衛隊員を「誤認逮捕」
摂津市
グ
水防倉庫
江崎社長監禁
摂津南IC
寝屋川市
守口市
交野市
精華町
生駒市
四條畷市
門真市
大東市
奈良市
奈良県
東大阪市

※日付のみ記載は1984(昭和59)年

事件現場と、ダイエーなどの位置関係

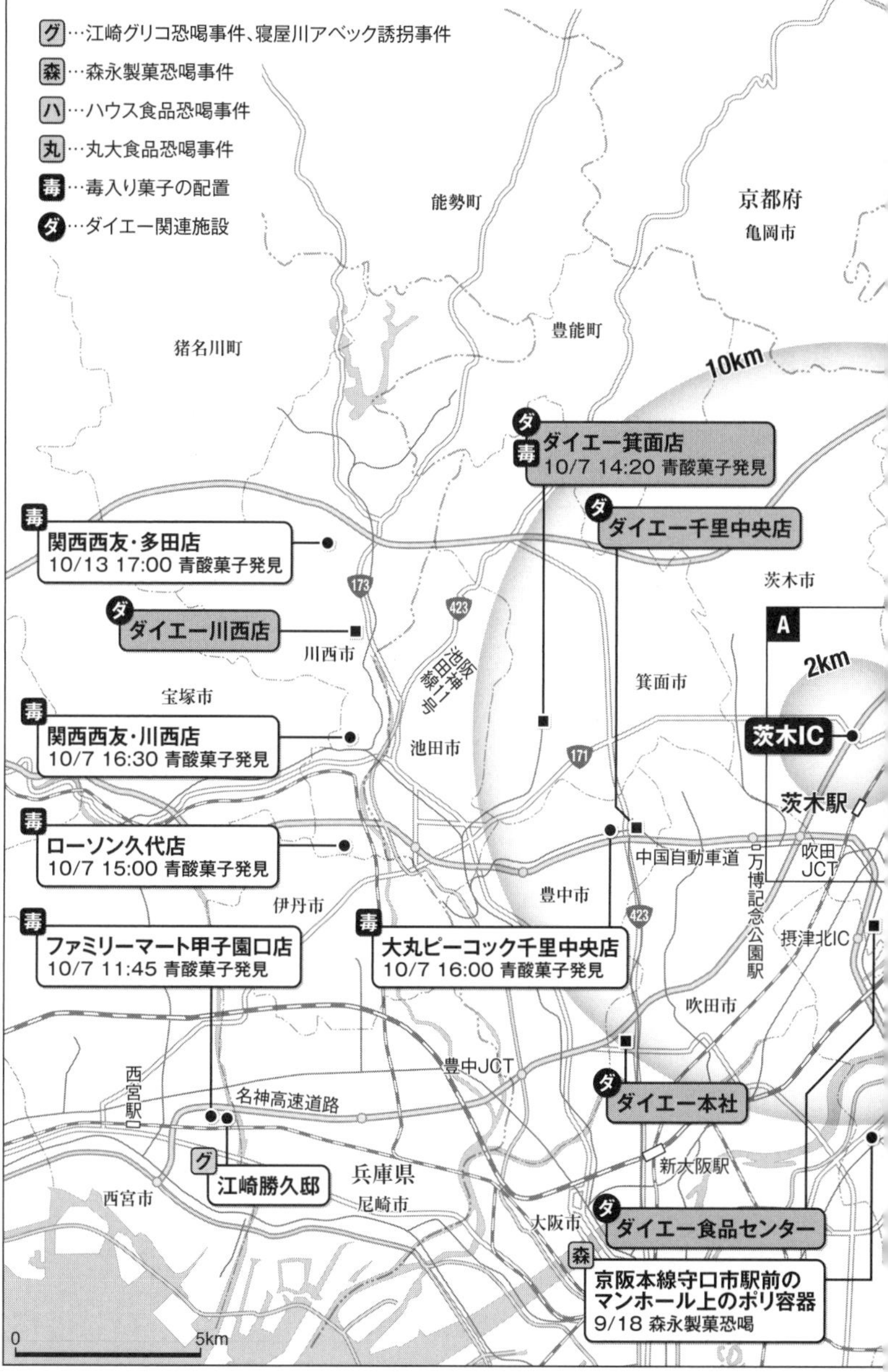

グ…江崎グリコ恐喝事件、寝屋川アベック誘拐事件
森…森永製菓恐喝事件
ハ…ハウス食品恐喝事件
丸…丸大食品恐喝事件
毒…毒入り菓子の配置
ダ…ダイエー関連施設
能勢町
京都府
亀岡市
豊能町
猪名川町
10km
ダ 毒 ダイエー箕面店
10/7 14:20 青酸菓子発見
ダ ダイエー千里中央店
毒 関西西友・多田店
10/13 17:00 青酸菓子発見
茨木市
173
423
ダ ダイエー川西店
川西市
池田阪神線11号
A
2km
箕面市
宝塚市
毒 関西西友・川西店
10/7 16:30 青酸菓子発見
池田市
茨木IC
171
茨木駅
毒 ローソン久代店
10/7 15:00 青酸菓子発見
中国自動車道
万博記念公園駅
吹田JCT
豊中市
伊丹市
423
毒 ファミリーマート甲子園口店
10/7 11:45 青酸菓子発見
毒 大丸ピーコック千里中央店
10/7 16:00 青酸菓子発見
摂津北IC
吹田市
西宮駅
豊中JCT
名神高速道路
ダ ダイエー本社
グ 江崎勝久邸
兵庫県
新大阪駅
西宮市
尼崎市
大阪市
ダ ダイエー食品センター
森 京阪本線守口市駅前のマンホール上のポリ容器
9/18 森永製菓恐喝
0
5km

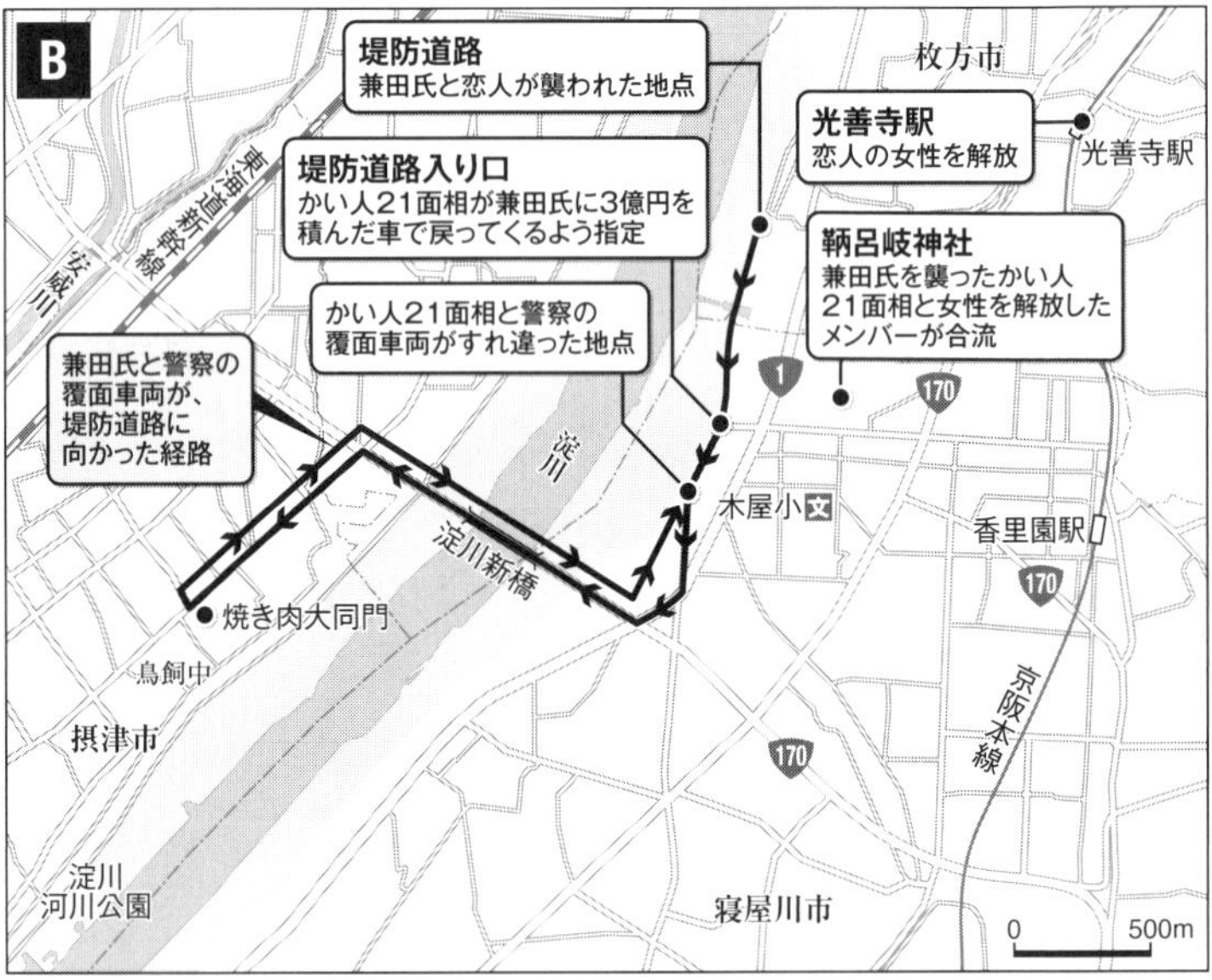
B
堤防道路
兼田氏と恋人が襲われた地点
堤防道路入り口
かい人21面相が兼田氏に3億円を積んだ車で戻ってくるよう指定
かい人21面相と警察の覆面車両がすれ違った地点
兼田氏と警察の覆面車両が、堤防道路に向かった経路
光善寺駅
恋人の女性を解放
鞆呂岐神社
兼田氏を襲ったかい人21面相と女性を解放したメンバーが合流
枚方市
光善寺駅
東海道新幹線
安威川
淀川
淀川新橋
木屋小
香里園駅
京阪本線
焼き肉大同門
鳥飼中
摂津市
淀川河川公園
寝屋川市
1
170
0
500m

A 茨木IC付近拡大図
グ …江崎グリコ事件、寝屋川アベック誘拐事件
森 …森永製菓恐喝事件
丸 …丸大食品恐喝事件
毒 …毒入り菓子の配置
ダ …ダイエー関連施設
高槻市
2km
毒 関西スーパー三島丘店
10/8 18:20 青酸菓子発見
茨木川
茨木市
名神高速道路
丸 「春日」バス停横の電話ボックス（上穂積4丁目）
7/6 2度目の脅迫で、言語障害のある子供に伝えられた指示書のあった場所
茨木IC
171
JR総持寺駅
安威川
総持寺駅
グ ロッテリア茨木店（中穂積2丁目）
5/26 裏取引をしようとしたグリコに、3億円を積んだ車で待機するよう指定した店
東海道本線
阪急京都線
茨木市駅
茨木駅
吹田市
吹田JCT
ダ ダイエー茨木店
森 茨木署下穂積派出所（下穂積1丁目）
1985/2/27「森永 ゆるしたろ」の終結宣言が置かれていた派出所
南茨木駅
0
1km

装幀・本文デザイン　緒方修一
図版製作　アトリエ・プラン

序章

すべてのはじまり

事件は１９８４年3月18日の日曜日、夜8時50分ごろ起きた。

この日、江崎グリコの江崎勝久《えざきかつひさ》社長（当時42歳）は、京都市内のホテルでおこなわれた老舗菓子問屋社長の長男の結婚披露宴に、主賓として出席したあと夕方4時ごろに帰宅。その後は外出することもなく家族との団欒《だんらん》の時を過ごしていた。

当時の江崎邸は、国鉄の甲子園口駅から徒歩5～6分の閑静な高級住宅街の一角にあった。敷地面積は約１１００平方メートル、ここに江崎社長の母親（同70歳）がひとりで住む木造平屋建ての母屋と、１年半前に新築された洋風２階建ての江崎勝久邸の２棟があった。

日暮れから降り出した冷たい雨が底冷えの寒さをもたらすなか、夜陰に乗じ、玄関わきの生垣を乗り越え、敷地内に侵入するふたつの影があった。影は、母屋の勝手口の前までやってくると、ガラス戸の引き手付近をライターの炎であぶり、ガラスを割り、その隙間から手を差し入れドアロックを外した。ライターの炎でガラスを十分にあぶったうえで水をかけると、一瞬にしてヒビが入り、音を立てずにガラスを割ることができる。窃盗犯がよく使う手口だが、手際という点で彼らは少し違っていた。ライターであぶる前に、ガラスが飛び散らないようガムテープを貼っておくのだが、プロの窃盗犯には見られない入念さで、ベタベタと貼っていたのである。

母屋に侵入したふたつの影は、土足のまま勝手口から炊事場に駆け上がり、迷うことなく奥の四畳半の居間に向かっている。そこでは江崎社長の母親がひとりテレビに見入っていた。午後8時50分からはじまる「新　夢千代日記」（全10回）の最終回である。

ＮＨＫの『ドラマ人間模様』で放送された「新　夢千代日記」は、山陰のひなびた温泉町で芸者置屋を営む薄幸の夢千代と、都会から流れてきた記憶喪失のボクサーや、貧しいながらも懸命に生きる人々とが織り成す人生の哀歓を描いたドラマである。吉永小百合演じる夢千代は、母親の胎内にいるとき広島で被曝した胎内被曝者で、原爆症を発症して余命3年を宣告されていた。

最終回のオープニングに続き、列車が日本海に面した山陰本線の余部《あまるべ》鉄橋に差しかかったところで、冬枯れの鉛色の空が画面いっぱいに広がり、「日記」を読む吉永小百合の切ない声が流れた。

「12月28日、雪……」

本編がはじまってしばらくしたころ、白い毛糸の目出し帽をかぶったふたりの男が踏み込んできた。

「静かにせい！　隣の鍵出せ」

突然の暴漢の出現に動転しながらも、母親は「鍵はありません」と答えると、体格のいいほうの男が声を荒らげた。

江崎勝久邸見取り図

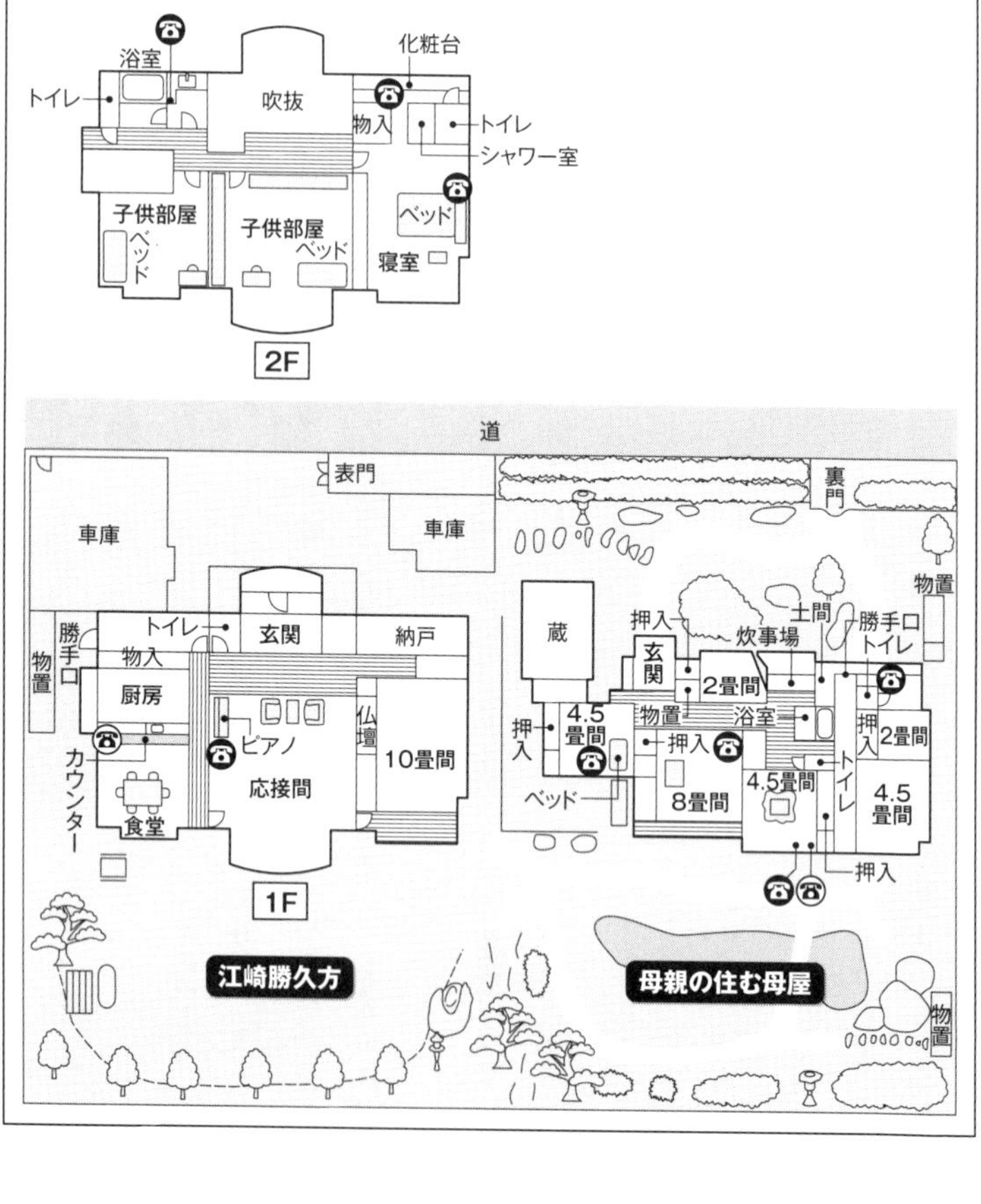
屋内電話
外線電話
浴室
トイレ
吹抜
化粧台
物入
トイレ
シャワー室
ベッド
子供部屋
ベッド
子供部屋
ベッド
寝室
2F
道
表門
車庫
車庫
裏門
物置
勝手口
トイレ
物入
玄関
納戸
物置
厨房
ピアノ
仏壇
10畳間
カウンター
応接間
食堂
1F
蔵
押入
土間
炊事場
勝手口
トイレ
玄関
2畳間
押入
4.5畳間
物置
浴室
押入
2畳間
押入
トイレ
4.5畳間
8畳間
4.5畳間
ベッド
押入
江崎勝久方
母親の住む母屋
物置

「嘘を言うと殺すぞ！　隣の鍵出せ!!」

「隣の鍵」とは、江崎勝久邸の勝手口の合鍵のことである。

目当ての合鍵が、いまさっき通ってきた炊事場にあるとわかると、用意していたビニールロープで両手両足を縛り、さらに赤色のガムテープでさるぐつわをはめた。

次に、目出し帽の男たちは、裏庭を回り込んで江崎邸の勝手口から合鍵を使って侵入し、2階の夫婦の寝室を目指し駆け上がった。寝室では、風呂から上がったばかりの夫人（当時35歳）と長女（同7歳）が、同じように「新　夢千代日記」を見ているところだった。

男らは、ライフル銃のようなもので脅しながら、ふたりをガムテープで後ろ手に縛り上げ、寝室に続くトイレに押し込んだ。この時、背の低いほうの男が、長女の名前を呼んだうえで「静かに」と命じている。

続いて、犯人らは廊下を小走りに駆け抜け、寝室とは反対側にある浴室のドアを乱暴に開けた。浴室には小学生の長男（同11歳）と幼稚園児の次女（同4歳）、そして江崎社長の3人がいた。犯人らは江崎社長の胸にライフル銃のようなものを突きつけた。「静かにせんと。撃つぞ。早く出ろ!!」

犯人らの殺気に気圧《けお》されるかのように脱衣場に出てバスタオルを腰に巻くと、向かいの子供部屋に追い立てられ、後ろ手に手錠をかけられるなり、引きずるようにして外へ連れ出されたのである。

ふたりの男が江崎社長を連れて表玄関から外に飛び出すのを見て、待機していた3人目の男は赤色2ドアでスポーツタイプの車を静かに近づけ、横づけした。ドアが開けられ、助手席側から江崎社長を後部座席に押し込むや車は急発進した。

人気《ひとけ》のない夜の住宅街を駆け抜ける車の中で、江崎社長は土嚢《どのう》用の化繊の袋を頭からかぶせられ、外から見えないよう大きな布のようなもので全身を覆われている。土嚢用の袋は、このあと監禁場所となる水防倉庫からあらかじめ持ち出していたものだった。

江崎社長が連れ去られてしばらくのち、寝室横のトイレに押し込まれていた夫人は、後ろ手に縛られていたガムテープを必死に外し、長女のガムテープを部屋にあったはさみで切り落とすと、階段を駆けおり1階の食堂の電話から110番した。応答に出た兵庫県警通信指令部の警察官に叫んでいる。

「二人組の男が入って来て、テープでくくられた！」

午後9時36分だった。

その後、夫人が浴室に駆け込むと、長男と次女は、茫然自失《ぼうぜんじしつ》の状態で浴室内にたたずんでいた。目の前で父親が乱暴に連れ去られたうえ、風呂から出るなと恫喝《どうかつ》されたことのショックで硬直していたのだ。

前後して、長女はベランダに飛び出し叫んでいる。助けを求める長女の声を聞いた隣の住民から「裏でドロボーという悲鳴が聞こえる」と110番があり、続いてセコム阪神支社からも

110番が入った。

「マイアラームシステム」の非常ボタンを家人の誰かが押し、異常を知らせる信号を受信したセコムの警備員が江崎家に電話したところ、「『強盗です、助けて！』という女性の声が飛び込んできたため、警察へ通報したのである」。

「マイアラームシステム」は窓ガラス一枚割れただけで警報が鳴り響き、警備会社に異常を知らせる防犯装置である。母屋には設置されていなかったが、江崎邸には導入されていたのを犯人らは知っていたのである。最初に母屋に侵入し合鍵を手に入れたのは、この装置を作動させないためであった。

相次ぐ110番通報を受け、兵庫県警西宮署のパトカーが江崎邸に到着したのは午後10時7分である。さらに、事件発生から2時間後の午後11時45分、兵庫県警の捜査一課長や鑑識課長、刑事部幹部らが江崎邸に入っている。

このとき、江崎社長の身体はすでに監禁先の水防倉庫にあった。

犯人らは、江崎社長を拉致するや、甲子園球場近くの西宮インターから名神高速道路に乗り、大阪方面に向かうと吹田インターチェンジで降りている。そして一般道を20分ほど走り、淀川とほぼ平行して流れる安威《あい》川左岸の水防倉庫に到着していたのだ。

水防倉庫は、車一台がやっと通れる雑草の生い茂った小道のわきに寂しく建っている。普段寄り付く人などなく、誘拐した江崎社長を閉じ込めておくには格好の場所であった。

車から引きずり降ろされ、水防倉庫の床に乱暴に転がされるや、江崎社長は言っている。

「なんでこんなことするんや」

「当たり前やないか、カネや」

これがすべてのはじまりだった。

内部犯行説

大阪府警は、当初、この事件は江崎家の内部事情に通じた者の犯行と見立てた。

「マイアラームシステム」が江崎邸にしか設置されておらず、母屋が無防備なのを知っていたうえ、母屋の勝手口のガラス戸に貼ったガムテープの痕跡が、実践経験の乏しい「素人の犯行」を示唆していたからだ。

元捜査幹部は、当時を回想しながらこう言った。

「ガラス戸をライターであぶる場合、プロなら2〜3ヵ所にテープを貼るだけで、あんなに厳重に貼ったりしない。テープが焦げていたことからも、かえって焼き切りに時間がかかったことがわかる。素人ゆえの念の入れようが、内部犯行説の根拠のひとつとなったわけだ。内部の争いに端を発した怨恨が動機と考えれば、防犯装置を作動させることなく侵入できたことの説明もしやすかった」

この見立てを確信めいたものにしたのが、大阪府警と兵庫県警による江崎社長への最初の事情聴取だった。

江崎社長は、拉致されてから4日目、監視役の犯人らが水防倉庫から姿を消したあと自力で脱出し、大阪府警に保護されている。そして捜査本部が設けられた高槻《たかつき》署で、最初の事情聴取を受けるのだが、このときひとつの疑念が生まれることになった。

事情聴取が大阪府警から、事件の発生現場を管轄する兵庫県警にバトンタッチされたところで、兵庫県警はグリコの取締役会長で江崎家の忠実な番頭でもあった大久保武夫《おおくぼたけお》の強い要望を聞き入れ、江崎社長と大久保、ふたりだけで話をする時間を与えた。その後、江崎社長の口は急に重くなった、と大阪府警の捜査幹部たちは考えるようになった。短時間ながらふたりは密かに打ち合わせをし、何かを隠すことにしたのではないか――。

マスコミもまたこの疑念に追随したことで、内部犯行説はおぼろげながらも、信憑性《しんぴょうせい》をもって世間に広められることになる。江崎社長が水防倉庫から脱出して約2ヵ月後の5月14日、グリコ本社で開かれた記者会見は、率直な質問というよりは詰問調で、しかもその記者の舌

江崎社長が監禁されていた水防倉庫の内部（読売新聞社提供）

先には棘《とげ》があった。

――社長が何かを知っていて隠しているのではないかといわれているが

「そういうところは一切ない。言うべきことは警察に全部言っている」

――社長と弟さんが不仲だという説について

「なぜそういう話が出てくるのかわからない。私と弟を知っている人はだれもそうは言わない。また、社内のトラブルが原因と報道されているが、それもない」

――犯人は内部事情に詳しい者だとの説がある

「そう思われるフシもあるし、そうでないとも考えられる。両方が考えられる」

――犯人は青酸ソーダを混入するという脅迫状で、十日ごとに犯行を広げるといっているが

「可能性は否定できない」

――犯人が約束を果たしていないと言っているが、何を要求されているのか

「何を意味するのかそれさえわからない」(『読売新聞』1984年5月15日付)

兵庫県警捜査一課の特殊班班長として江崎社長に関するすべての捜査を担当した北口紀生《きたぐちのりお》は、人柄がにじむ口調でこう言った。

「マスコミの作り上げた無責任なイメージで、被害者が叩かれたという意味でも珍しい事件や

った。たしかに江崎社長は無口なほうだが、捜査に非協力的ということはなかった。誰でもそうでしょう、いきなり土足であがりこんできたような相手に気軽にしゃべる人おりますかいな。人間関係できたら何でも話してくれましたよ」

北口は、約40日間にわたって江崎邸に泊まり込み、24時間態勢で4人の専従捜査員とともに交代で捜査にあたった。家族の警護をしながら、犯人が接触してきたときの電話録音や逆探知などに備えていたのである。江崎邸の一室を提供してもらい、そこを捜査本部の分室として使った。

「江崎社長の事情聴取にしても、必要に応じてやってました。たとえば、合同捜査本部から『この点がわからないから、社長にいっぺん聞いてくれ』と連絡があると、直接、私が本人に聞いていた。そういうとき、江崎社長は『ちょっと、待ってください。ちょっと考えますわ』いうてやね、2階の自分の部屋で一生懸命考えてメモを作ってきたり、こんな資料がありますと提供してくれていた。だから、聞き込みに回っている刑事が、突然、会社に社長を訪ねてやね、いろいろ質問しても相手も忙しいわけや。もう、うるさいな、という態度になるのは仕方ないことですわ」

北口は「ワシに嘘ついたらあきまへんで」と言っては、地方出張も含め、どこへ行くときも同行した。その北口がもっとも気の毒に思ったのは、江崎社長の弟で、グリコ栄養食品副社長だった江崎正道《まさみち》が事件と関わっているかのように報道されたときだった。根も葉もないことを書かれ悲憤慷慨《ひふんこうがい》する江崎家の人々に、気休めに過ぎないと知りつつこう言った。

「報道機関は事実を捏造《ねつぞう》することはないが、何かしゃべると尾ひれがついて、興味本位の報道となる。それが嫌なら、何も言いなはんな。捜査の妨げになるから取材に応じるな、と言われてると言っていいですから。警察の責任にして結構ですから」

グリコのトレードマーク、両手をあげてゴールインする選手の巨大なＬＥＤ看板は、大阪道頓堀のランドマークとして知られる。また、若いアイドルや人気女優を起用する斬新なＣＭなど、その宣伝センスは業界でも群を抜いている。しかし一方で、一部上場企業にしてはどこかあか抜けない社風を感じさせ、マスコミ対応にしても長《た》けているとは言いがたいものがあった。

創業者の江崎利一《りいち》は、１９８０年に死去するまでの61年間にわたり経営トップとして君臨するが、その強烈な個性と圧倒的なカリスマ性から、グリコにはひとつの特異な記念日があった。古い社内報には長く続いたその日の行事が載っている。

「来る十二月二十三日は社長の輝やく第六拾七回の御誕生日です。他社には珍らしい我社独得なる祝日です。此《こ》の様な行事は会社並《ならび》に江風会《こうふうかい》の一致した行き方でもあります。

当日は朝より仕事を休み会社を挙げて社長の偉業を讃へると共に、其の長生を祝し社長と共に延びて来た会社の苦難時代を回顧する日でもあります。……心から社長の御誕生祝をお迎へ致しませう」（『グリコ新聞』１９４８年12月15日付）

「江風会」とはグリコの社員組合の名称であった。創業記念日ではなく、創業者の誕生日を休業日としたうえで、「社長の偉業を讃へ」「会社の苦難時代を回顧」するイベントまで催すというのは、丁稚《でっち》制度に馴染みのある関西の企業にあってもかなり変わっている。

振り返ってみれば、この独特の社風が、捜査員だけでなくマスコミの想像力をかき立て、内部犯行説と怨恨説を生み出し、捜査を混乱させていたのである。のちに明らかになるのは、犯人たちはグリコとは縁もゆかりもなく、『役員四季報』や「有価証券報告書」を参考に脅迫状を書いていたということだった。当時の『役員四季報』には全役員の自宅住所と自宅の電話番号が記載されていて、犯人たちはこれを見て脅迫状を送り付け、電話での指示を出していたのである。

紺の背広の男

捜査を迷走させてきた内部犯行説がようやく打ち消されるのは、事件発生から1年半以上経ってのことだ。捜査が行き詰まり、これまでの捜査結果を総点検するなか、江崎社長が誘拐される11日前の「84年3月7日」、犯人のひとりが、西宮市役所で江崎家の住民票を取得していたことがわかったからだ。

警察庁の元幹部が語る。

「市役所の保管倉庫に、江崎家の住民票を取得するのに使った申請書が残されていたわけです。申請者名は『江崎勝久』で、『運転免許用』のために取得となっていた。これを脅迫状や挑戦状と同じ9ポイント細丸ゴチック活字で印字してあったので、犯人が入手するのに使った申請書で間違いなかった。彼らが住民票を見ていれば、内部事情に詳しくなくても、家族関係を把握できるし、子供の名前も正確に呼ぶことができる。この前提に立てば、事件の少し前、母屋の裏庭の水銀灯のコンセントが外れていた理由も理解できた」

母屋の裏庭は、庭石や松などを配置した庭園風で、江崎邸との敷地の境には水銀灯があった。この水銀灯のコンセントは、強い力で引き抜かないと外れないものだったが、事件の2週間ほど前にそれが外れていたことがあった。水銀灯の消えた暗闇の中に身を潜め、犯人は江崎家の人々の入浴時間や就寝時間など生活パターンを観察していたのである。

江崎社長の母親がテレビを見ていた居間は、裏庭に面していたため、日曜日にこの部屋の電気が消えて寝室に引き揚げる時間などから、平均視聴率17・2パーセントの「新　夢千代日記」を見ていることを把握し、最終回の放送が始まる午後8時50分前後を犯行の決行時刻としていた。また裏庭に潜むなか、母屋から江崎邸へと人が向から際に必ず合鍵を使っているのを見て、合鍵のありかを真っ先に聞き出したのだ。

犯人が潜んでいた裏庭への侵入経路も、その後の捜査で明らかになっている。当時、母屋と背中合わせに建っていた住宅が取り壊され更地になっていた。犯人は、この更地の敷地内から高さ2メートルの塀に梯子《はしご》をかけ忍び込んでいたのである。

これらの事実を伝えられた江崎社長は、ひどく動揺し、早速、ジャーマン・シェパードを購入。庭での放し飼いをはじめたほどだった。

住民票の申請用紙が出てくれれば、当然、指紋の検出がなされなければならない。しかし捜査本部はその採取に失敗していた。

「指紋を取る前に、申請用紙をコピー機にかけてしまったのです。指紋は、指についた脂肪分の跡なのでコピー機にかけると、その熱で線が分解しバラバラになってしまう。当時は、そういう問題意識を持ち合わせていなかったので、指紋を採取できなかった。もちろん、すぐに改め、森永製菓への脅迫状などは透明なフィルムをあててコピーするようにした。そうすると指紋が切れることなく保護できるのです」（警察庁の元幹部）

犯人検挙に直結したかどうかは別にして、少なくともこの指紋の採取に失敗したことは、事件解決への可能性をひとつ潰していたことになる。

どうしたわけか、初動捜査における聞き込みにしても、じゅうぶん尽くされたとは言いがたいものがあった。犯人らの事前の下見は、母屋の裏庭からだけでなく、別の場所から少なくとも二度おこなっていた。しかし地取り捜査を担当した捜査員は、その事実を把握していない。指紋採取の失敗といいこの欠落といい、未解決に終わった事件を検証するにあたって象徴的である。

事件発生の2〜3日前、平日の朝8時半ごろのことであった。江崎邸の近くに住む主婦が、子供を幼稚園に送ろうと家を出たところ、目の前の道路に不審なグレーの車が停まっていた。この主婦の家は、江崎邸から東に50メートルほど行った四つ角の先にあり、ここからだと江崎邸の玄関先がよく見える。何気なく車の中を覗き込むと、ふたりの男が身動きひとつせず、前方を凝視していた。彼らの目は一点で止まったままで、神経を研ぎ澄まし集中しているようだったという。

その5日ほど前にもこの主婦の夫、里見哲也（仮名）は不審な男を目撃している。土曜の正午過ぎのことだ。四つ角の不動産店の陰から紺の背広を着た男が、じっと江崎邸を窺《うかが》っていたのである。

「なんともいえん凄《すご》みがあった」

いまだ記憶に残るその男について、里見はこう述懐した。

「ウチは、たいていの土曜日、家族で梅田まで買い物に行ってましたんや。百貨店めぐりやね。事件の1週間ほど前の土曜日ですわ。私が先に家を出て、玄関のところで子供たちが出てくるのを待ってると、四つ角にある不動産屋から江崎さんの家のほうをじっと見ている男がいた。普通の人とは違う怪しい雰囲気があったもんやから、何してんのやろと気になって、ずっと横目で見てたんです。いつもなら道に立ってる人を見ても何とも思わんのに、あのときはカメラを取りに家へ戻ろうかと思ったぐらい怪しい雰囲気だった。ただ、じっと立ってるだけですよ。けどね、なんともいえん凄みがあった。私、4~5分はその男を見てたですかね。男のほうは気付いてなかったと思うんですわ。私の顔を見て、なんじゃい、と目を向けることもなかったからね。そうこうするうち、家内と子供が出てきて駅のほうにどんどん行くもんやから、そのままにして家内らのあとを追うたわけや。返す返すもあのとき、写真を撮っとけばよかったと思いますよ」

里見は、親の代からこの地に住む、大阪市内に通うサラリーマンだった。いかにも善良そうな人柄そのまま話を続けた。

「男の身長は180センチくらい。年齢は30代後半という感じやった。拳法でもやってるような筋肉質のガッチリしたからだで、インテリヤクザか過激派の活動家という印象ですよ。ただ、暴力団員のような目つきの悪い顔じゃなかった。事件直後、この男のことを西宮警察署に電話で伝えたものの、名前も住所も聞かれないでそれっきり。聞き込みに回っていた刑事にしても、昼間に来て、家内にどうでしたかと聞いていったことはあっても、夜に来ることはなかった。だから、私は何も聞かれていない。昼間働いている人は、誰も聞かれてないんじゃないかな。そんなんで、あらためて警察に電話して男のことを伝えようとしたら、子供でもさらわれたらどうするの。ぜったい誰にも言わんといて、と母親から口止めされましたんや」

犯人らは、平日に江崎社長の黒塗りの車が自宅を出る時間や、休日の一家の行動パターンを調べていたのである。そんな犯人の動きさえ、初動捜査は把握できていない有り様だった。

「かい人21面相ファンクラブのみなさんえ」

いまや歳月の経過が事件の痕跡を消し、人々の記憶も風化しつつある。しかし不幸にして事件に巻き込まれ、人生の歯車を狂わされてしまった被害者や、被害企業の経営者たちの恐怖と苦悶の記憶は、いまも消えることはない。彼らは、フラッシュバックのように事件のことが思い出され、なかなか寝付けない夜もあるのである。

江崎社長の拉致からはじまり、〈くいもんの　会社　いびるの　もお　やめや〉と一連の犯行を終結宣言するまでの約1年半のあいだ、自らを「かい人21面相」と呼ぶ犯人グループは、標的とした企業への脅迫状に加え、警察やマスコミに宛てた挑戦状を都合147通書いている。その分量もさることながら、内容にしても無教養な粗暴犯には書けない文面であった。下《げ》卑《び》た言葉を使いながらも、芝居がかったセリフを好み、面白おかしく警察を揶揄《やゆ》し、ときに戯《ざ》れ歌まで詠んでみせた。

かい人21面相のリーダーは、似顔絵が公開されているキツネ目の男である。詳しくは第2章以降で述べるが、この男が、すべての脅迫状や挑戦状をひとりで書いていた。その文面から読み取れる性癖は、怒りに火がつくと見境がなくなり、偏執的なまでに攻撃性を剝き出しにする反面、妙に律儀な一面があり、異常なほどに面子《メンツ》にこだわるというものであった。

テレビドラマ『月光仮面』の原作者で作家の川内康範《かわうちこうはん》が、犯行を中止すれば私財1億200

0万円を提供すると『週刊読売』で呼びかけたときには、こんな返事を書いている。

〈川内はん　え
わしらも　月光仮面　見たで
おもろかった

（略）

あんた　金　プレゼントする　ゆうたけど　わしら　いらん
わしら　こじきや　ない
金　ほしければ　金もちや　会社から　なんぼでも　とれる
金の　ない　もんから　金　とる気　ない
金は　じぶんの　ちからで　かせぐ　もんや
せっかくの　へんじ　あいそなし　やったな
からだに　気つけや
　わしらの人生　くらかった
くやしさばかり　おおかった
わしらがわるく　なったのも
みんな世の中　わるいんや

こんなわしらに　だれがした
あすはわしらの　天下やで
かい人21面相〉（1984年11月22日12時〜18時・伏見郵便局管内から投函）

〈わしらの人生　くらかった〉の一節は、藤圭子《ふじけいこ》のヒット曲、「圭子の夢は夜ひらく」の中に出てくる「私の人生暗かった」をもじったものだ。70年安保の年にリリースされたこの曲は、藤圭子の暗い歌声と社会を恨む厭世《えんせい》的な歌詞が、全共闘（全学共闘会議）の学生たちにウケた。

当時を回想して、警察庁の元幹部は言った。

「僕は、あの歌詞を見て、これは全共闘世代が書いてるんだろうなという意識を持った。学園紛争が盛んなころ、全共闘の学生がさかんに歌ってましたから」

1968年から翌年にかけ全国の大学に広まった全共闘運動に、キツネ目の男が関わっていたか、あるいはその時代の空気を吸っていたとすれば、事件当時の年齢は35歳から40歳。現在、70代ということになる。

社会を怯《おび》えさせ、警察の失態を声高にあざわらい、世間の関心が事件に釘付けになると、挑戦状で得意げにはしゃいでみせた。そんな犯人のナルシストぶりがよく表れているのがマスコミに宛てた次の挑戦状だろう。

〈かい人21面相ファンクラブの　みなさん　ぇ
わしら　大とうりょう　なみに　なったで
8チャンネルが　ホットパンツやない
ホットライン　つくって　くれた
TL　しようか　おもたけど
5人も　ギャル　おったら　はづかしゅうて　でけへん
わしら　ひかえめな　たちやねん
（略）
わしら　正月　おんせんで　かるた　つくった
ファンの　みなさんに　おしえたろ

新春けいさつかるた
あ　あほあほと　ゆわれてためいき　おまわりさん
い　いいわけは　まかしといてと　1課長
う　うろうろと　1日まわって　なにもなし
え　ええてんき　きょうはひるねや　ローラーで

おおそろしい　かい人のゆめ　みとおない
か　からすにも　あほうあほうと　ばかにされ
（略）
まだまだ　あるで　おしえて　ほしかったら　ゆうてくるんやで
かい人21面相〉（1985年1月25日8時〜12時・寝屋川郵便局管内から投函）

グリコだけでなく、森永製菓やハウス食品など菓子メーカーや食品メーカーの経営者の心理を手玉にとり、言葉をもてあそびながら執拗《しつよう》に脅すことで相手を屈服させ、カネを脅し取ろうとしたのがかい人21面相のリーダー、キツネ目の男だった。そのキツネ目の男に率いられた犯人グループもまた、同じような社会環境で育ち、家族的結束で繋《つな》がっていた。だからこそ彼らは、仲間割れや裏切りを起こすことなく、2000年2月13日の完全時効を迎えることができたのである。

これから私は、江崎社長の拉致ではじまり〈くいもんの　会社　いびるの　もお　やめや〉と犯人が終結宣言を出すまでの、約1年半に及ぶグリコ森永事件の全過程をたどり直していくこととする。これまで見落とされてきた事実を掘り起こし、知られざる事件構造を明らかにすることで、キツネ目の男の素顔と属性、そしてこの男に率いられたかい人21面相のメンバーについて可能な限り正確に描いていくことにしよう。

キツネ目　目次

《註記》

＊本書では敬称を省略し、肩書、年齢等は事件当時のままとしました。

＊脅迫状や挑戦状は、読みやすさを考慮して改行を加えるとともに、一部を拗促音に改めてあります。

＊脅迫状や挑戦状に記載されている江崎家の人々の実名を伏せ、母親、夫人、長女と改めました。

＊脅迫状や挑戦状には差別的表現が含まれていますが、犯人像に迫る資料としてその記録性を損なわないようにするため、原文のまま転記しました。

1——堤防道路　運命の15秒

襲われたカップル

グリコ森永事件の捜査では、警察に少なくとも三度、犯人逮捕のチャンスがあった。その絶好の機会をいずれものにできなかったのは、警察組織のスピード感の欠如に起因していた。部隊を動員しての「地上戦」ではなく、動きのある現場を少数の捜査員で担当する「空中戦」における未熟さである。

最初のチャンスが訪れたのは、事件発生から2ヵ月半後の1984年6月2日であった。土曜のこの日、かい人21面相は、夜8時45分に大阪府警と兵庫県警が敷いた包囲網の中にはじめて姿を現した。しかし大阪府警は、見事なまでに裏をかかれ、無関係の第三者を「誤認逮捕」していたのだ。

当時の捜査規範では、身代金目的の誘拐事件の場合、水も漏らさぬ鉄壁の捜査網を敷いたうえで犯人の指定する現場にカネを持っていく。その準備のために時間がかかり、指定の時間に遅れても気にすることなく、むしろ犯人をじらすぐらいがいいとされてきた。

しかし、かい人21面相は、あらかじめ指定した時間までに身代金の持参人が現れなければ、躊躇《ちゅうちょ》なくその日のヤマを捨て、決して姿を現そうとしなかった。その行動パターンを読み切れず後手に回ったうえ、霞が関の警察庁がモニターする「警察庁指定第114号事件」に指定されたことで、ベテラン刑事のカンを生かすことができなくなった。階級がものをいう捜査となっていたのである。

振り返ってみれば、これがケチの付きはじめだった。この日以来、かい人21面相はより慎重に行動し、警察の犯人逮捕の秘策はことごとく出し抜かれることになる。不思議なもので、ツキはいつも犯人側に味方した。

誤認逮捕された男性は、デート中にかい人21面相に襲われ、恋人を人質に取られたうえ、焼き肉チェーン店「大同門」摂津店で、グリコの用意した車を受け取ってくるよう命じられていた。自宅での入浴中に拉致された江崎勝久社長とともに、直接、かい人21面相と接した数少ない人物である。忘れようにも忘れることのできない犯人らの息づかい、汗の匂い、そして何より脅迫状に書き連ねられたあの関西弁が、文面そのまま同じリズムで語られる声の響きを脳裏に刻み付けることになった。

当時は連日のように大阪府警から事情聴取を受けたものの、事件のショックで記憶が部分的に消えていて、襲われたときの状況にしても、そのすべてを正確に思い起こすことができなかった。

しかし私とともに、デート中に襲われた淀川の堤防道路や「大同門」の現場などを訪ね歩くうち、記憶の空白は埋められ、何より犯人らの輪郭、そしてその一挙手一投足までが鮮やかによみがえってきた。この人物、兼田富雄（仮名）が事件に巻き込まれた経緯をたどりながら、「大同門」での警察とかい人21面相との知られざる攻防を明らかにしておくことにしよう。

1961年生まれの兼田富雄は、当時22歳だった。

大阪府内の高校を卒業後、家を出たいとの理由から陸上自衛隊に入隊した。同じ自衛隊出身の俳優、今井雅之《いまいまさゆき》似の兼田は、身長165センチ、腕っぷしは強いもののどちらかというと痩身タイプである。自衛官としての勤務成績が良かっただけでなく、部隊のバレーボールチームを率いて地区優勝を果たすなど統率力にも優れ、隊長表彰を受けたこともある。2年の任期満了時に除隊を願い出たときは、いずれ幹部自衛官に引き上げるからと慰留されている。しかし階級が上がれば上がるほど異動も頻繁となるため、一人っ子の兼田は、親の面倒を見られなくなるからと除隊した。その際、自衛隊の斡旋《あっせん》で大阪市生野区の中堅食品問屋に就職が決まった。

同社では運送係として、「大同門」にほど近い大阪府中央卸売市場内の営業所（北部営業所）に勤務した。デート中、かい人21面相に一時的に拉致された恋人の女性も、同じ営業所の後輩社員で、この年の春、地方の高校を卒業して就職したばかりの18歳であった。

ふたりは職場で知り合うと、日を置かずして付き合うようになった。きっかけは、彼女の次のひと言だった。

「窓開けて運転してるから、右の腕ばかり焼けるんですよ」

兼田の乗っていたトラックにはクーラーがなかったため、夏場はいつも運転席側の窓を開けて走っていた。一日の配達を終え、事務所に戻ってきた兼田の右腕だけが焼けているのを面白がり、茶目っ気たっぷりな笑顔で語りかけてきたのだ。兼田は、たちまち気持ちを鷲《わし》づかみにされてしまい、数日後にはドライブに誘っている。

当時の職場は、まだ完全週休2日制ではなく土曜もほとんど出勤していたが、仕事を終えるとふたりは決まってデートした。

静かな口調で兼田は言った。

「女性のほうが早く仕事終わりますやん。僕らは配達が終わったとしても、営業所に帰ってきてから掃除とかして、だいたい午後5時くらいには上がれてたと思いますよ。それから家に帰って着替えてから、迎えに行くわけですよ」

事件に遭遇した日も、土曜の勤務を終えていったん帰宅したのち、門真《かどま》市の会社の寮まで彼女を車で迎えに行っている。ふたりが付き合っていることは同僚には内緒にしていたため、午後7時前、寮の近くのいつもの待ち合わせ場所で彼女をピックアップした。

「襲われた土手へは、あちこち回っているなか行くようになったんやと思うわ。若かったし、おカネかけたくないとかね……。夜の河川敷で、周りに人がいなければ車の中は密室やし、だからあの土手にはいつも何台も車が停まっていた。あの日は、たしか途中でマクド（マクドナルド）を食べてから行ったんやと思うわ。淀川の土手へ出る道を登ると、すでに車が4台ほどおった。その脇を抜けて、少し走らせてから車を停めて、まあ、ラジオを聴きながら話をしていたわけですよ」

『淀川百年史』によれば、この土手の名称は淀川左岸堤防道路という。1972年以降、淀川の「全川に縦貫させる」遊歩道、自転車道の一部として整備されたものだ。私が兼田とともに訪れた日も、連れだって自転車を走らせる親子や、ランニングに汗を流す高校生たちが行き来していた。堤防の下に広がる河川敷には、野球場、テニスコート、芝生公園などが設けられていて、休日には少年野球に興じる子供たちの声や、テニスコートから断続的に沸き起こる歓声で、終日、河川敷は賑やかだ。

だが夜になると一転し、あたりは暗い静寂に包まれる。その静寂に吸い寄せられるように車に乗ったカップルが集まる一種のデートスポットとなっていた。

兼田もまた、毎週のように引き寄せられてきたひとりだった。彼の記憶では堤防道路に出てすぐのところ、大阪府淡水魚試験場（現・環境農林水産総合研究所）の裏手に車を停めたつもりだった。しかしいっしょに現場に行ってみると、そこからさらに400メートルほど奥まったところに駐車していたとわかった。夜の真っ暗な堤防の上を、助手席の彼女と話しながらの運転だったため、距離感覚が狂っていたのである。

「ようこんなとこまで来たもんやな」と、兼田は運転しながら独り言をいった。

私と兼田は車を降り、あたりを眺めた。車を停めたところは常緑樹が鬱蒼《うっそう》と茂っていて、緩やかにカーブする堤防道路に死角を作っていた。かい人21面相は、まさにこの死角の奥で身を潜め、何も知らないカップルがやって来るのを待っていたわけだ。

かりに、この死角に獲物が来なければ、彼らはこの日のヤマを躊躇なく捨て、そして新たな脅迫状をグリコに送り付け、裏取引のやり直しを持ちかけたはずだ。この用心深さと、目先のカネに執着しない淡泊さが、彼らを警察の手から逃れさせてきたのである。

事件を担当した元捜査幹部が解説するように、「彼らは、カネは欲しいがカネには困っていない連中だった。一方で模倣犯はすべて借金取りに追われていて、警察が張っているのがわかっても、サラ金の返済日がぱっと思い浮かぶと、見境なくカネをめがけて走りだす」。だから、簡単に逮捕できたのである。

リーダー格の男

兼田がかい人21面相に襲われたのは、堤防道路の現場に到着してすぐだった。

「車の窓は、ちょっとしか開いてなかったわ。ふっと見たら、そこから銃身が突き出ていた。1年前まで自衛隊で六四式小銃を扱っていたから、銃というのはすぐわかった。最初はどっきりカメラやと思ったね。しかしその銃口がグーッと迫ってきたので、これはまずいと左手で握ったら、強い力で引き抜こうとした。たしかそのときや思うわ、運転席側のドアの窓ガラスが割れたのは。銃口を握ってないとやられると思うから、握ったまま右手でドアを開けて外へ出たら、目出し帽をかぶったのが3人出てきたわけや。なんじゃ、こりゃ、と激しくやりあった記憶がある」

揉《も》みあいを続けるなか、3人組のひとりは足を滑らせ堤防から転げ落ちている。その直後、兼田は、横っ面を棒のようなもので強く殴られた。耳がキーンと鳴って、脳震盪《のうしんとう》を起こし、何がなんだかわからなくなってしまった。組み伏せられるようにして、車の運転席に押し込まれると、助手席にいたはずの彼女の姿はすでになかった。シートには、砕け散った窓ガラスの破片が散乱していた。後部座席にふたりの男が乗りこんできてこう言った。

「彼女がどうなってもええんか。無事返してほしかったら、言うとおり運転しろ。これから一緒に大同門に行く。店の中に入ったら、すぐ左の席に白の上下を着た男がおるから、このメモを見せて、そいつからもらった車でここまで戻ってこい」

途中、兼田がバックミラーでふたりの男の様子を窺っていると、体格のいいほうの男が「ミラー見るな」とすごんだ。この男がリーダーだと思った。


「大同門」の周辺には、精鋭捜査員約30人がひそかに配置されていた。

彼らは、誘拐事件や人質立てこもり事件などを専門に担当する捜査一課特殊班と、強盗・殺人事件などを担当する捜査班に加え、暴力団担当の捜査四課などの屈強な捜査員たちだった。

「大同門」の店内はもちろんのこと、道路を挟んだ向かいのレストラン「志な乃亭」にも客を装った捜査員が配置につき、2階の窓際から監視にあたった。店の前を走る幹線道路の両側1

キロから3キロほど先に、それぞれ交差点があり淀川をまたぐ大橋に繋がっている。北東側が淀川新橋で、南西側が鳥飼《とりかい》大橋である。これらの交差点周辺にも捜査員が配置され、行きから車のナンバーを記録するとともに、隠しカメラで通行人の撮影もおこなっていた。

かい人21面相は、これまでも3回、事前に指定した現金持参人に、カネの受け渡し場所を直前に変更している。あらかじめ指定した場所に待機させた現金持参人に、電話で別の場所に移動するよう指示を出し、持参人の動きをどこからか慎重に観察していたのである。持参人と一緒に動く人や車両を見つけると、警察が張り付いていると判断し、彼らは決して姿を現そうとはしなかった。

カネの受け渡し場所に指定された「大同門」（産経新聞社提供）

捜査本部はこれまで同様、かい人21面相が、カネの受け渡し場所を「大同門」から別の場所へと変更してくると想定し、対応策を幾度となくシミュレーションしていた。合同捜査本部を編成する兵庫県警も、広域に展開した場合に備え、現場から少し離れたところに多数の車両を待機させるなど鉄壁の包囲網を敷いたはずだった。

時計の針が午後8時45分を指したそのとき、北東の淀川新橋方向から一台の白いチェイサーが走ってきたかと思うと、「大同門」の真ん前で停まった。運転していた男が降り、すぐさま後部座席にいた男が運転席に乗り込むや、鳥飼大橋めがけて走り去った。
残された男は「大同門」の駐車場を通り抜け、店内に入ると、白いブレザーを着た男の前に進みでて、「東食の中村さんですか」と語りかけ、メモを差し出した。

〈中村　え
上の　もんから　わしらの　ゆうとおり　するように
きいてる　はずや
（略）
この　手紙　もって　きた　もんに　車と　キーと
金と　わたせ
おまえら　２人は　30分　この店で　まて
30分したら　会社　え　かえれ
あんじょう　したる
かい人21面相
４分いない　に　このもんに　白のカローラ
わたさへん　かったら　とりひき　やめや〉

かい人21面相は脅迫状で、この日、3億円を白のカローラに積み込み、グリコの社員ふたりで午後8時半までに大同門に運んでくるよう指示していた。この社員たちには白のブレザーに白のズボンを着用させ、ひとりは車に乗ったまま駐車場で待機し、もうひとりは店内に入ってすぐ左の窓際に座り、グリコの取引先である「東食の中村」を名乗るよう細かい指示があった。

中村役のグリコの松島哲夫総務部長から車のキーを受け取ると、兼田は、駐車場の白のカローラで待機していた総務部員と入れ替わる形で運転席に乗り込み、店の前の道路へ飛び出し、右折すると淀川新橋の方向にフルスピードで走っていく。

脅迫状に書かれていた筋書き通りの展開に、大阪府警の捜査員の誰もが、この男を犯人の一味と思い込んだ。このカローラには集音マイクが設置されていて、運転席の声を拾っていた。

当時の捜査幹部によると、男はうわ言のような言葉を発していたという。

「早よ行かんと危ない。危ないんや。いや、大丈夫や。あすこへ行かなあかん。早よ行こ……」

このことは「捜査報告書」にも記載されることなく、いままで秘匿され続けてきた事実のひとつである。

身柄拘束！

カローラには3億円以外に、トランクにひとりの捜査員が潜んでいて、300メートルほど走ったところで車をエンストさせた。トランク内に引っ張ってあるケーブルのコンセントを抜くと、エンジンがかからない仕掛けが施されていたのだ。

このとき、兼田は「なんで、止まるねんや」と怒鳴っている。そして苛立《いらだ》ちもあらわにエンジンキーを忙しく何度も回している。再びかかったエンジンは、100メートルほど進んだところで、またストップした。その瞬間、数人の捜査員が飛び出してきて車を取り囲んだ。なかのひとりは両手で拳銃を構え、兼田の額に照準を合わせていた。

助手席のドアが乱暴に開けられ、エンジンかけろと捜査員が怒鳴りながら乗り込むと、エンジンは再びかかり、左前方の脇道に入れと命じた。兼田は、このとき、「彼女、つかまっとんねん」と言ったことを、いまも鮮明に覚えている。

「大同門」は、幹線道路の大阪高槻線（主要地方道16号線）に面していて、周辺にはパナソニックや久光製薬など大手企業の物流センターのほか、中小零細の鉄工所、アルミ工場などが軒を並べる典型的な工業地区にあった。大阪市内と京都方面とを結ぶこの幹線道路の交通量は、当時から一日2万台を超えていた。

現場の捜査指揮官は、幹線道路での逮捕は危険を伴ううえ、かい人21面相がどこかから見ているかもしれないと考え、車を脇道に入れさせたのだ。兼田は車から引きずり降ろされ、午後8時48分、手錠をかけられた。警察車両に連行される途中、こう叫んでいる。

「あかん、危ないねん。彼女が危ない。早よ行かな、あかんのやって!」

屈強な捜査員に両脇を固められたまま、警察車両での事情聴取となった。捜査員がグリコとの関係を質問しても「知らん、俺とちがうって! グリコなんか知らんよ」と繰り返し、ことの経緯を必死で説明した。恋人とデートをしていたら襲われ、車を奪われた。さっき「大同門」まで行った車は自分のもので、彼女がいまも犯人に拘束されている。

捜査員は、だったら車のナンバーを言ってみろと声を荒らげたが、兼田は答えられなかった。3日前に、寝屋川の中古車センターでそれまで乗っていたブルーバードをチェイサーに買い替えたばかりだったからだ。

「テメエ、自分の車のナンバーも言えんのか」

怒鳴る捜査員を制し、右脇を固めていた目の鋭い年配の捜査員が言った。

「目ぇが、ちがう」

普通、逮捕された犯人が見せるふてぶてしさや、意気消沈ぶりがない。興奮状態がおさまらず、発する言葉には切迫感があった。しかも顔には殴られた痕があり、左の前腕は10センチ以上切れ、服は血で染まっていた。腕の傷痕は、いまも残っている。

この展開は、大阪府警がまったく想定していないものだった。当時の捜査幹部はこう言った。

「犯人は大同門に電話を入れ、カネの受け渡し場所を変えてくる。そうやって引っぱり回すとの思い込みがあった。そっちのほうは相当に手当てしていたが、関係のない第三者が脅され、犯人に代わってカネを受け取りにくるという発想はなかった」

この日、警察はかい人21面相に裏をかかれたわけである。捜査幹部は焦った。兼田の言っていることに信憑性があると判断した幹部は、すぐさま彼の運転で犯人が指定した淀川の堤防道路に向かわせることにした。ただ兼田が身柄を拘束された時点で、現金を載せていたカローラはすでに別の場所へ移動させられた後だった。これが時間のロスを招き、結果的に犯人を取り逃がす原因となる。

急遽、予備で用意していたもう一台の白のカローラを回送させ、「よし、じゃ、お前ひとりで運転しろ」と兼田を運転席に座らせた。犯人がいる現場に向かう以上、兼田以外の者が運転していたのでは、警察が来たことを知らせるようなものだからだ。カローラの後部座席には外から見えないよう捜査員が乗り込み、あとに乗用車やタクシーを装った覆面車両が続いた。

兼田の運転するカローラとともに、これら覆面車両が堤防道路に着くや一般道へ続く道路をふさぐように次々と急停車し、私服の捜査員たちが車から飛び出した。そのとき、アベックの乗った一台の車があわてて逃げ出そうとしたため、特殊班の岡田和磨《おかだかずま》は、開いていた運転席側の窓から腕を差し入れてハンドルをつかみ、「コラ！　停まれ！」と怒鳴っている。

岡田は、この日、子供たちとのドライブを装い、自身の3人の子供を自家用車に乗せ捜査にあたっていた。まさか、子供連れの捜査員がいるなど、犯人は思わないだろうと考えてのことだ。怒鳴りながら、ふと、乗り捨てた自分の車のほうを見ると一番下の子供が泣いていた。そばに立つ中学生の長男に向かって岡田は叫んだ。

「国道に出たらタクシーあるから、それに乗って妹と弟を連れて家に帰れ。家でお母さんにタクシー代払ってもらえばいいから。すぐ帰りな」

逃げようとした車は、事件とは無関係だった。突然、何台もの車がやって来て、中から殺気だった男たちが飛び出してくるのを見て、言いがかりをつけられ恐喝されるのではと怯え、その場を離れようとしただけだった。

「大同門」からこの堤防までは、何のトラブルもなく順調に走れば15分ほどの距離である。かい人21面相が、兼田を「大同門」で降ろしたのは午後8時45分である。その際、「グリコからもらった車でここまで5分で戻ってこい」と命じていた。そして彼らは、30分後の午後9時15分まで堤防道路で待っていた。この事実は、合同捜査本部の内部記録に記されているうえ、かい人21面相が報道機関に送り付けた挑戦状でも認めている。

残念ながら、兼田が運転する警察車両が淀川堤防に到着したのは午後9時15分過ぎだった。まさに、タッチの差で逃げられていたのである。

幻のスクープ

大阪城の西側、お堀端の大阪府警本部では、この日、指揮所に詰める捜査幹部を最小限に絞っていた。府警幹部がそろって在庁していれば、それだけで何かあると勘繰り、府警担当の記者たちが取材に動きまわるからだ。

捜査責任者だった大阪府警刑事部長の鈴木邦芳《すずきくによし》は、捜査一課長の平野雄幸《ひらのゆうこう》にすべてを託し、努めて平静を装いながら退庁した。

鈴木は言った。

「あの日は、たまたま郷里の福島から僕の姉の亭主が出張で大阪に来ていたので、一緒に食事をする予定を入れていた。午後7時ごろには府警本部を出て、刑事部長公舎の近くのすし屋でビールを飲みながら夕食を済ませて公舎に帰ると、一課担（捜査一課担当）の記者の夜討ち取材を受けたが、義兄がウチに泊まることになっていたので、誰も警戒しなかった。当たりさわりのない話をして、記者の取材をやり過ごしたのを覚えている。あとは、ただひたすら捜査本部からの電話を待っていた」

ビールでほろ酔い気分の鈴木が、人懐っこい笑顔を振りまき、特徴ある早口の甲高い声で記者と雑談していたまさにそのとき、「大同門」の現場は緊張と歓声、それに続く落胆と焦燥で混乱の極みにあった。

〈けいさつの　あほども　え〉、〈まづしい　けいさつ官たち　え〉と題した挑戦状で、かい人21面相は、それまで大阪府警を散々愚弄《ぐろう》してきた。捜査員の誰もが、肚《はら》に据えかねる思いを呑み込みながら、この日、犯人逮捕への執念を燃やしていたのである。

ましてや、5日前の5月28日には国家公安委員長の田川誠一《たがわせいいち》から異例の視察と激励を受けていただけに、「大同門」で男の身柄を拘束した瞬間、捜査員たちから歓声があがった。これで事件は解決したと、一部の捜査員たちは府警本部に引き揚げている。その後、この男、兼田富雄は事件と無関係であることがわかるのだが、すでに現場を離れていた彼らに伝えられることはなかった。

そんな捜査員のひとりが、夜の零時を回ったころ、毎日新聞大阪本社社会部記者で大阪府警を担当していた吉山利嗣《よしやまとしつぐ》の自宅に電話を入れた。

吉山が電話に出ると、開口一番、捜査員はこう言った。

「そんなとこで寝とってええんか。事件、片付いたで」

誇らしげな声が、受話器を通して伝わってきた。語られる内容はすべてにおいて衝撃的であったが、吉山はスクープをものにした興奮よりも、張りつめていた緊張の糸が切れる脱力感を感じていた。これで、やっとゆっくり眠れると思うと、全身から力が抜けていくようだったという。

受話器を置くと吉山は、すぐさま社会部長の古野喜政《ふるのよしまさ》に電話を入れ、月曜の朝刊の打ち合わせに入った。この日は土曜日で、すでに日曜日の朝刊の締め切り時刻が過ぎていたため、月曜日の朝刊に出稿する原稿の打ち合わせとなった。

翌日には吉山がメインの原稿を書き、他の社会部員がサイドストーリーや解説記事を書いた。6月4日の朝刊早版は、一面のほぼすべてを使い〈「グリコ事件」1人逮捕〉との大見出しとともにこう報じた。

「大阪、兵庫両府県警合同捜査本部は二日夜、グリコ側に指定した場所から〝三億円入り〟の車を奪って逃走中の犯人グループの一人、Aを追跡、大阪府寝屋川市内で、とりあえず恐かつなどの疑いで車ごと緊急逮捕した。調べではAは五月末、グリコ側に現金三億円を要求するとともに、要求を受け入れた〝合図〟に大阪市内のグリコ下請会社前に乗用車三台を並べて置くよう指示、さらに二日夜、あらかじめ指定した大阪府茨木市内の現金受け渡し場所に現れた〝三億円入り〟の車を奪って逃走したが、極秘に張り込んでいた府警捜査員が約一時間にわたる追跡の末、逮捕。Aは『ワシは使い走り』というだけで一切黙秘しているが、合同捜査本部は……Aが犯人グループの一味にまず間違いないとの見方を強め、身元の割り出しを急ぐとともに背後グループなど共犯の追及に全力を挙げている」

社会面でも紙面の大半を使い「『来た！』緊迫　夜の追跡　威信かけ執念の手錠」「あざ笑いに耐え　草の根捜査が実った」「1時間　橋の上で〝ハサミ打ち〟」との大見出しや小見出しのもと、それまでの捜査の苦労や事件の経過などを詳報している。

電話をかけてきた捜査員による脚色からか、事実関係で不正確なところもあるが、いま読み返しても迫力満点の紙面だ。

社会部長の古野は、地方都市に配送している締め切りの早い11版の紙面に入稿したのち、大都市に配布する14版までの間に府警幹部に当てるよう部員に指示した。最終的な事実確認と、記事掲載の通告をするためである。大阪府警刑事部長の鈴木の公舎にも、顔なじみの毎日の記者がやってきた。

「公舎で寝ていたら、呼び鈴を鳴らされてね。出ると、府警担当のサブキャップがいる。その男がいきなり、部長、おめでとうございます。逮捕、おめでとうございますというわけだ。俺がしゃべろうとすると、ああ、もういいです。おめでとうございます。帰りますといって帰っていった」

確かに、男の身柄は拘束したものの、しかしこの時点では釈放されていた。そのことを明かすわけにもいかず、刑事部長の鈴木は複雑な心境で記者を見送った。すると数時間後、再びサブキャップがやってきて、両腕で×の字をつくりながら「これです。やめました」というと、逃げるように帰っていったという。

部員が、府警幹部への確認に飛びまわっている間、社会部長の古野もまた東京本社や西部本社など全本社に連絡し、各警察本部への確認を依頼した。警察庁担当の記者が、警察庁刑事局長の金沢昭雄《かなざわあきお》に電話を入れたところ、電話口の金沢はこう言った。

「毎日さん、夢でも見てるんじゃないですか……」

つれない返事だった。焦る気持ちを抑えながら古野は、複数の警察幹部に電話をかけ続けた。ようやく一連の経緯を聞き出せたのは、旧知の兵庫県警本部長の吉野《よしの》毅《たけし》からだった。一時的に身柄を拘束したが、その後釈放したと聞かされ、古野は困ったというよりホッと胸をなでおろした。

なかなか確認が取れないなか、たまたま警察の訓練を目撃した捜査員が、犯人逮捕と勘違いして電話をしてきたのではないかと言い出す部員もいたからだ。これだと取り返しのつかない虚報となるが、少なくとも身柄を拘束した事実がある以上、致命傷になることはない。

急いで紙面の差し替えが図られ、確認できた事実関係のみで原稿を書き直し、最終版で「〝第三者〟使い3億奪取図る」と修正した。それが次の記事だ。

「警察庁広域指定一一四号『グリコ誘拐・放火事件』で週末の二日夜、また新しい動きがあり、犯人グループがグリコ側に指定した場所から〝三億円入り〟の車に乗って逃走した不審な男を大阪府警の捜査員が追跡、制止し、三日朝まで事情を聴いた。この若い男は『知らない男に頼まれただけ』と主張したため、いったん帰宅させた。大阪、兵庫両府県警合同捜査本部は、犯人グループがあくまでグリコ側から現金奪取をはかり、第三者を〝運搬係〟に使った、と判断している」

修正前の毎日の早版を手にした各紙の記者たちは、震え上がったという。当時、読売新聞大阪本社の社会部長だった黒田清《くろだきよし》も、6月5日の日記に記している。

「毎日が早版ですごい迫力で『グリコ犯一人逮捕』を報じる。これは大誤報となったが、動きがわからなかったのは情けない」

「幻のスクープ」となったことで、吉山はしばらく肩身の狭い思いを強《し》いられるが、その後9月20日付夕刊で、かい人21面相が新たに森永製菓を脅迫している事実をすっぱ抜いた。名誉挽回に費やした時間は約3ヵ月だったことになる。

兼田さんが拉致された淀川左岸の堤防（産経新聞社提供）

目の前を通りすぎた犯人

ここで再び、「大同門」の現場に戻る——。

「大同門」から、かい人21面相が指定した堤防までの大まかな道順は、淀川をまたぐ淀川新橋を越えたところで左折し、国道1号線に入ったあと枚方《ひらかた》方面に向かって最初の三叉路を左折、片側一車線の木屋門真《こやかどま》線（府道149号線）に入ってそのまままっすぐ走ると堤防に行きつく。三叉路の入り口から堤防までは1〜2分ほどである。

街灯もまばらなこの暗い道を、兼田がハンドルを握るカローラから少し距離をおいて、覆面の警察車両が続いた。その先頭車両には特殊班の捜査員が乗り込んでいて、途中、すれ違う対向車のナンバーの4ケタ数字をすべて読み上げていた。メモを取る余裕がないので、テープレコーダーに録音していたのである。

のちにテープ録音を分析した結果、かい人21面相が運転していた兼田のチェイサーと捜査員たちの警察車両がすれ違っていたことが判明した。場所は、三叉路から300メートルほど走った太間《たいま》排水機場の裏手あたりだった。

私は助手席に座り、兼田が運転する横でストップウォッチで時間を測りながら、「大同門」から現場の堤防までの道のりを何度か往復してみた。

かい人21面相と捜査員たちがすれ違ったポイントから、堤防道路までは15秒ほどだった。もしあのとき、警察が15秒早く出発していれば、かい人21面相は完全な袋のネズミとなっていたことになる。何より、犯人にとって幸運だったのは、兼田がブルーバードからチェイサーに買い替えたのが、わずか3日前だったことだ。

当時の捜査幹部は言う。

「買い替えたばかりなので、自分が乗っていたチェイサーとすれ違っているのに、それが自分の車だとわからなかった。あの時間に、あの場所ですれ違ったチェイサーを、あれが自分の車ですと言ったら一発で捕まえていた。車をぶつけてでも捕まえていたんですがね……」

「大同門」の攻防から半年後、読売新聞は、警察の目前を「グリコ犯人」が奪った車で通過していたと報じた。

「グリコ・森永事件犯人グループがさる六月二日夜、グリコから三億円を奪取しようとして未遂に終わった事件で、グループは警察の動きを察知して現金運び役に仕立てた会社員との合流予定場所の堤防下に姿を現さなかった、と見られていたが、十九日までの大阪、兵庫の捜査本部の調べで実は犯人らは会社員から奪った乗用車に乗り予定地に待機していたことが明らかになった。堤防周辺で待ち伏せていた捜査員による通過車両のナンバーチェックで判明したものだが、当時、会社員が新車のナンバーを覚えていなかったため捜査員らは、目の前を通り過ぎる車に犯人らが乗っているとは思わず、犯人らは悪運強く警察の包囲網から逃れた」（1984年11月20日付『読売新聞』）

この記事を読んだかい人21面相は、2日後の11月22日、〈全国の　すいり　ファンの　みなさん　え　2〉と題した挑戦状を送り付け、またもや警察を嘲笑愚弄した。

〈11月20日の　よみうり　みたか
6月2日の　3億円の　とき
わしら　ポリ公と　あいさつ　しとんねん
ポリ公　わしらの　あいさつ　むし　しおったから
わしらも　むし　したった

けいさつの　車　5だいか　6だい　はしっとったで
タクシーに　のった　あほも　おった
あの道　よるは　タクシー　とおらんのに
会社の　車に　のって　1人で　くるよう　ゆったのに
ちがう車で　2人も　すわって　まっとった
きいとるだけで　あほらしいやろ（略）
かい人21面相〉（1984年11月22日12時〜18時・伏見郵便局管内から投函）

余裕綽々《よゆうしゃくしゃく》で、大阪府警の失態をあざわらう文面だが、本当のところは相当に肝を冷やしていたはずである。まさに間一髪で逃げおおせていたことは、かい人21面相自身が誰よりもよく知っているからだ。

予定の時間を大幅に過ぎ、しびれを切らして現場を去った直後、対向車線から、白のカローラがこちらに向かって走ってくる。その後ろには、明らかに警察車両が数台連なっていた。もし、そのうちの一台に前方をさえぎられれば、逃げ道はない。絶体絶命——しかし捜査車両は気づくことなく通り過ぎ、幹線道路に抜け出ることができた。犯人には、その数十秒間が恐ろしく長く感じたはずである。

1週間の軟禁生活

兼田はこのあと、捜査員に伴われ寝屋川署の取調室に入っている。午後11時過ぎから深夜1時過ぎまで、ふたりの捜査員から事情聴取されたのだが、何を聞かれたのかほとんど記憶がない。ただ、同じことを何度も聞かれ苛立ったと言った。

「何度も何度も似たようなことを聞かれて……。しかも説明してるのに、一方的にさえぎって別のことを聞いてくる。なんで話聞いてくれんのやと、カーとなったのを覚えてる」

取り調べの途中で、眼光の鋭いベテラン捜査員がいったん席を外し、再び取調室に戻って来るとこう言った。

「彼女、死んだで」

兼田は、一瞬にして、頭の中が真っ白になってしまった。身体じゅうの力が一気に抜け椅子からすべり落ちている。呼吸が苦しくなり、口を大きくあけハア、ハアと何度も息を吸い込んだ。その様子をじっと見ていたこのベテラン捜査員が口を開いた。

「嘘や。生きてるで。大丈夫や」

驚愕《きょうがく》と当惑が入り混じった目で兼田は、捜査員を見つめ返していた。

「ああ、よかったと安堵したのだけ覚えてる。なんで嘘つくんやとは聞かなんだけど、いまにして思えば、あの人は、最後に試したんだと思うわ。どういう態度に出るのかをね」

もし兼田が本当に犯人の一味であり、かい人21面相に襲われたというのが狂言だとすれば、「彼女、死んだで」と言われても、ずいぶん間の抜けた反応になっていたはずだ。このあと、ようやく自宅に帰ることを許された。

取調室を出ると、廊下の先に、犯人に拉致されていた彼女の姿が見えた。彼女もちょうど取調室から出てきたところだった。

兼田の恋人だったこの女性は、頭から布袋をすっぽりかぶせられ1時間ほどかい人21面相に拘束されていた。解放された時刻は午後9時半過ぎで、場所は拉致された堤防道路から2キロほど北東の京阪本線光善寺《こうぜんじ》駅であった。

この日、かい人21面相は二手に分かれ、ひとりが女性を拘束し、堤防道路から数分走ったところで待機していた。あとのふたりは兼田を「大同門」で降ろすと、再び堤防道路まで戻っていたのである。

おそらく彼らの計画では、カネが取れても取れなくても、女性を解放する時間と場所は決めていたのだろう。兼田から奪い、犯人たちの移動に使われたチェイサーは、鞆呂岐《ともろぎ》神社の参道に乗り捨てられていた。この神社は、堤防道路と女性を解放した光善寺駅の中間地点にあたる。女性を解放した犯人と堤防道路で待機していた犯人らは、この神社で合流していたのだ。

女性を駅で解放する際、犯人はそれまでかぶせていた布袋を外し、両手で顔を覆わせたのち、おカネを持っているかと尋ねている。彼女が首を左右に振ると2000円を渡した。女性はそれで切符を買い、門真市にある会社の寮に帰っていた。その後、捜査員がやってきて、彼女もまた寝屋川署で事情聴取を受けることになった。取り調べに付き添った社員寮の寮長は、ふたりの職場の上司でもあった。兼田は、取調室の廊下の向こうに寮長を見つけるとすかさず駆け寄り、「すみませんでした」と頭を下げた。このとき、彼女と言葉を交わしたかどうかは覚えていない。

事情聴取を終えた兼田が、警察車両で送られ、自宅のある団地に帰りついたのは深夜2時近くであった。団地の入り口で車を降り、暗い歩道をひとり歩いていたとき、敷地内の駐車場に隠れるようにして動く人影が見えた。不審に思って覗きに行くと、先ほどまで取調室で兼田を調べていた捜査員だった。兼田は言っている。まだ疑ってはりますの。

事実、捜査員らは疑っていた。襲われたふりをしているだけで、犯人グループにつながる共犯者との思い込みは、なかなか消えなかった。そのため兼田は、この後1週間近く刑事との奇妙な共同生活を強いられるのである。

再び、兼田の回想。

「当時、住んでいた団地には、朝から晩までマスコミ各社の黒塗りの車がズラーと並んで動かんかった。それで刑事さんが、ここにいたら近所迷惑や、別のとこへ行こうと。寝屋川署の官舎で、ふたりの刑事さんと共同生活するようになった。部屋にはテレビがなかったし、新聞もあることないこと書いてるから見んほうがええと言われ、外でなにが起きてるのか知らんまま、雑談して一日過ごすという生活だった。覚えているのは、何日目かの夜、部屋の呼び鈴がピンポーンと鳴って、刑事さんがドアを開けると制服の警察官が立っていた。ここは空き部屋なのに、なんで電気がついてるのかって、警察官に質問されてたことやね」

部屋に電気は通じていたが、水道は止まったままだった。風呂は使えず、2日に一回は警察車両で近所の銭湯に通っていた。マスコミに気づかれないよう、いつも後部座席のシートに身を伏せながらの銭湯通いであった。

言うまでもなく、これも一種の事情聴取だった。情報を遮断した環境を作り、日常の何気ない会話の一端から、犯人につながる手がかりを探っていたのである。

偶然の再会

私は、大阪府警の警部として兼田と恋人の女性の身辺捜査を命じた人物に、兼田と会ってみないかと話してみた。兼田は「大同門」で誤認逮捕された際、自分の説明を信じてくれた捜査員に一言礼を述べたいといっていたからだ。この元警部を通じ、兼田とその捜査員が、いま一度会うことはできないかと問うたところ、「そりゃ、あかん。ワシも会われへん」といい、一呼吸おいて「当時、別の捜査班にも（ふたりのことは）相当調べさせた。それは仕方のないことや。いまでは犯人と関係のないことはわかっている。けど、女性に関しても知ってるからな。いや、プライバシーじゃなし、顔を覚えているから……」と続けた。

元警部は現役時代の激務から解放され、いまは自宅近くに借りた畑で自家菜園をしながらのどかな生活を送っている。私が訪ねた日は、順調に育ちつつある野菜に肥料をやり、雑草を丹念に抜いているところだった。畑のあぜ道から声をかけ、訪問の趣旨を伝えると、途端に顔が曇り、先の言葉を残したあと農機具などを収納してある小さな板小屋へと消えていった。

当時、合同捜査本部を指揮した別の幹部は言った。

「大同門は『現場設定』を伴う捜査といって、犯人の動きを想定し、捜査員の配置から事態が動いたときの対応、バックアップの態勢など入念に準備して臨んでいる。その想定したシナリオ通りの展開になったわけやから、諦めきれなんだわけや。まさか犯人以外の第三者が、事件の舞台をあれほど見事に動かすとは考えられなかったから、あのふたりへの嫌疑はしばらく尾を引いた」

兼田が職場に復帰したあとも、週に一度の割で、昼休みの時間帯に捜査員が訪ねてきて、駐車場に停めた警察車両の中で同じことを何度も聞かれる事情聴取が1ヵ月ほど続いた。

ふたりが完全に白と判断されたのち、かい人21面相に奪われ、警察が保管していた兼田のチェイサーが戻ってきた。車内は銀粉だらけだったため、購入した中古車センターに持っていったところ、中古車センターの社員から、気持ち悪くないですか、買い替えたらどうですかと勧められたが、カネがないんやから仕方ない、きれいにしてくれといって、銀粉を全部ふき取ってもらっている。

その後しばらくは、何かの拍子で事件のことを思い出すたびに、一種のパニック状態に陥った。

「車で走ってると、ふと、さっきの交差点で人を轢《ひ》いたんやないかと胸騒ぎがする。警察の厄介になって、また長時間取り調べられるのは御免や思うから、急いで交差点に戻る。事故を起こしてないと確認しても、また途中で確認したくなって同じ場所に戻っていく。おんなじ所をぐるぐる回って、目的地になかなか行きつけないことがあった」

恋人だった彼女とも別れている。苦い思いを噛みしめるかのように兼田は言った。

「あの事件があって、すぐ、彼女とは別れています。会社の上司なのか、向こうのご両親なのかはわからんのやけど、このまま付き合っていても幸せにならへんと言われた。別れたほうがいいと。会ったら、またフラッシュバックのように事件を思い出すからと……。だから別れ話は、自分のほうから切り出したと思います。もう会うわけにはいかんからと」

彼女はそれでも、何度か兼田に電話をくれた。

「でも、何もしゃべらんかった。つれない態度をとってました。なんかの用で寮に行ったときも、彼女、おりましたが目をあわさんようにして避けてました。やっぱり会社に対してものすごく迷惑かけてるし、そして若かったし、周りに言われたことに従っていたんやろね」

彼女と別れたことを知って残念がったのは、兼田の母親だった。事件後しばらくは「彼女、ええ娘やったのになぁ」が口癖になった。

「大同門」の事件から5年ほどして、兼田は会社を辞めた。母親が人工透析を受けなければならなくなり、病院に通うための送り迎えで勤務が続けられなかったからだ。その後、転職先の同僚女性と結婚し一男をもうけた。その子供が1歳になるかならないかのころである。乳母車に赤ん坊を乗せ、夫婦で自宅近くのマクドナルドに出かけたときのことだ。

「妻がレジで勘定してハンバーガーが出てくるまで、少し離れた場所で待ってたときですよ。乳母車の赤ん坊をあやしながら、ふっと目をあげると、こっちをじっと見ている女性がいた」

彼女だった。デート中にかい人21面相に襲われ、拉致されたかつての恋人である。彼女のそばには、夫と、夫に手をひかれた幼い子供がいた。目と目があった瞬間、兼田は、彼女の周りが白くぼやけていき、人で込み合う店内で彼女だけしか見えなくなった。

「お互い家族と一緒やったから、声をかけることもできなかった。向こうも同じ気持ちやったと思うよ。あの一件で人生変わってしまって……」

事件に巻き込まれた日からすでに8年の歳月が経っていた。まったく予期せぬ場所での、偶然の再会だった。しかしふたりは一言も言葉を交わさず、家族づれで賑わう店をそれぞれ後にした。

以来、事件を通じて味わった体験がよみがえるたび、兼田は深い悔恨にとらわれ、こう思うのだ。土下座してでも謝りたい。あの日、あの場所にさえ行かなければ、事件に巻き込まれることはなく、彼女の記憶から一生消えることのない恐怖と遭遇することもなかった。できることなら、いまからでも会って謝りたい。

刑事部長の悪夢

当時の捜査員や捜査幹部たちもまた、事件が落とした影に悩まされ、抱える記憶に苦しめられてきた。元中部管区警察局長で、大阪府警刑事部長として現場を指揮した鈴木邦芳は、いまだに「大同門」の悪夢にうなされることがある。

「あのときにね、僕らがこういう指示を出しておけばよかったということが、山ほどあるわけです。このとき、こうしてれば捕まえることができたんじゃないか。現行犯逮捕できないままも、容疑者として引っ張れたんじゃないかというポイントがあるわけですよ。そういう反省を、いまだに繰り返している。こういう話をした日の夜は、また夢を見る。大同門の夢ですよ」

鈴木は語りながら、感情が高ぶったのか声を詰まらせた。みずからグラスにビールを注ぐと一気に飲み干し、「ビール飲まなきゃ、この話できない」と続けた。

「夢に見るのは、必ず大同門。俺は、自動車の上空から見てるんだ。ナンバー見ろ！　と叫んでる。ようやく追い付いたら、ナンバープレートが真っ白なんだ。そこで決まって目がさめる」

鈴木は1962年警察庁入庁のキャリア警察官僚だが、その前職は皇宮護衛官だった。福島の定時制高校を卒業したのち6年間皇宮護衛官として勤務し、その間、中央大学法学部の二部で学び、国家公務員I種試験に合格した苦労人である。

1983年2月、警察庁刑事局薬物対策室長から大阪府警刑事部長に着任した。その翌年に発生したグリコ森永事件の実質的な指揮を約1年半にわたって執ったものの、犯人を挙げられないまま警察庁へ異動になった負い目に苦しんだ。

「それまで大阪府警本部には、警察庁長官や次長ほか、いろんな人が視察に来ては『鈴木、頼むぞ』、『とにかく頼むぞ』と言って帰っていくわけだよ。なのに事件を挙げられないまま、東京に帰るというのは合わす顔がない。だから警察庁の廊下を歩いていて、向こうに長官や次長、あるいは先輩の顔が見えるとトイレに逃げ込んでいた」

新たな任務に向かうためにも、過去の事件はいったん忘れなければならないと努めた。しかし忘れようとすればするほど、精神がおかしくなっていくのがわかった。

やがては警察病院に通院するようになり、薬を処方してもらったものの症状は改善しない。ある日病院にいくと、たまたま担当医が忙しく、別の医師の診断を受けることになった。

事件を挙げられなかったことが気になって仕方がないと説明したところ、この医師は突き放した口調でこう言った。なんで事件を忘れる必要があるの。気になるんだったら捜査を続ければいいじゃないか。後任がいたって関係ない。暇なときに大阪に行って、ひとり捜査を続ければいいじゃないの。権限のあるなしなんて関係ない。時効だって関係ない。どのポストに就こうが、死ぬまで捜査を続ければいい。なんでやめる必要があるんだ。

気がついたら、鈴木はこの医師にしがみついて泣いていた。それほどグリコ森永事件の呪縛は、鈴木を捉えて離さなかったのである。

2——けいさつの　あほども　え——147通の手紙

脅迫状にこめられたトリック

かい人21面相の標的とされた菓子メーカーや食品メーカーが一様に震え上がったのは、彼らの犯行の手荒さに加え、その執拗さによるものだった。

グリコに対しては、江崎社長を拉致したあとも、本社に放火し、江崎夫人や子供たちまでを殺害すると脅し続けた。また、森永製菓に至っては、青酸ソーダを混入させた森永ミルクキャラメルほか8種類18個の森永製品をスーパーやコンビニの店頭に置いて回り、いっさい販売できなくさせている。食の安全を人質にしたのである。

森永製菓を目の敵にし、責め苛《さいな》んだのは、脅迫状が届いた直後、森永製菓は記者会見を開き、犯人の要求をきっぱり拒否すると宣言していたからだ。かい人21面相に逆らえばどれほど大きな代償を払わされるか。森永で示しておかなければ、この先、企業恐喝という計画が成り立たなくなる。なにより、公然と面子を潰されたことで、理不尽な怒りを爆発させたのである。

精神科医で著述家のM・スコット・ペックによれば、このような異常な犯罪行為は、何らかの理由で過度のコンプレックスを抱えた者に共通する性向なのだという。その倒錯した心理を、『平気でうそをつく人たち』でこう解説する。

「彼らは、ご立派な体面や世間体を獲得し維持するためには人並み以上に努力し、奮闘する傾向がある。……彼らに耐えることのできない特殊な苦痛はただひとつ、自分自身の良心の苦痛、自分自身の罪の深さや不完全性を認識することの苦痛である」

キツネ目の男にとって、卑《いや》しい犯行計画を拒否されたことで、無意識の層から顕在化した「自分自身の良心の苦痛」や「自分自身の罪の深さや不完全性」を抑え込むには、大企業である江崎グリコや森永製菓をねじ伏せ、悲鳴をあげさせ、要求したカネを払わせる必要があった。単にカネが目的の犯罪とは違った異常さが絶えずつきまとったのは、この男の倒錯した邪悪性に起因していたのである。

キツネ目の男を理解し、事件の全体像を摑むうえで欠かせないのは、企業やマスコミ、警察に送り付けた脅迫状や挑戦状の分析である。かい人21面相の名前で出された脅迫状や挑戦状は都合147通にのぼっているが、これらはすべてを、彼らのリーダーであるキツネ目の男がひとりで書いていた。

言語学者で筑波大教授だった芳賀《はが》純《じゅん》は、「脅迫文の分析と解釈―江崎グリコ事件から」のなかで指摘している。

「形式的面からの分析で……文章の間に共通点も多く、文の原型は怪人21面相と自称している犯人の手によって書かれたものと考えられる。また、その理由として、内容的側面から見ると……旧仮名遣いが用いられていること」「特定の知識を前提とした『ホームズ』と『怪人二十面相』への言及がなされている。以上から、書き手が複数であるというよりは1人であると考える」

キツネ目の男は、江崎社長の拉致から「大同門」での警察との攻防劇に至るまでの74日間のあいだだけで、14通の脅迫状と挑戦状を出している。ほぼ5日に一通の頻度で書かれた、その全容を把握しておくことは重要である。

最初の脅迫状がグリコに届いたのは、江崎社長の拉致から約5時間後、3月19日午前1時40分ごろだった。その届け方は、足がつかないよう用心に用心を重ねたもので、いかにも手が込んでいた。

かい人21面相のメンバーは、午前1時15分にグリコの藤江《ふじえ》弘毅《こうき》取締役（人事、労務部担当）の自宅に電話を入れ、男の声で「高槻市真上《まかみ》北自治会の釜風呂温泉の看板の前にある公衆電話ボックスに置いてある電話帳を見よ」と告げている。

すでに社長の拉致が伝えられていた藤江取締役は、警察に連絡し、大阪府警のパトカーで指示された電話ボックスに向かい、電話帳に挟まれた脅迫状を入手した。そこにはこう書かれていた。

〈人質はあづかった
現金10億円　と　金１００kg　を　よおい　しろ
現金と金は　白か　アイボリイの　ライトバンに　のせて

あすの　ごご5じまでに　藤江部長の　タカツキの　うちの　まえにおけ
車には　北摂の道路に　くわしい　会社の運てん手だけ　のっておけ
れんらくは藤江　のうちえ　TELする　このことを　しらせてええのは
とりひきさきの　銀行の支店長と　会社の運てん手と金子と　藤江だけや
けいさつに　しらせたら　人質を　かならず　殺す
けいさつにも　会社にも　電電公社にも　ナカマがいる
ぎゃくたん知　しても　すぐわる
藤江　のうちと　会社は　かんぜんに　みはられている
関西の　道路ちづと　タカツキのちづと
メモ用紙と　かくものを　よおいすること
現金や　金や　車には　ぜったい　さいくするな
ワイヤレスマイクも小がたムセンも　むだや
運てん手に　けいじ　つかったら　すぐばれるで
TEL　ながびかそうとしても　だめや
声ださずに　メモだけ　するんや
金　もらったら　科学的な　調査して　24じかん　したら　人質を　かえす
現金は　新さつを　つかうな

「とりひきは　いっさい　しない」

「いうことだけ　きけ」

推理小説に出てくるような文面だが、〈現金10億円　と　金１００kg〉という要求額は常軌を逸しているうえ、〈けいさつに　しらせたら　人質を　かならず　殺す〉という定番の脅し文句にしても間の抜けた印象を受ける。

実のところ、この脅迫状は世間を驚かせ、騒ぎを大きくするための一種の「撒《ま》き餌《え》」であった。前年にはオランダのビール会社ハイネケンの会長とその運転手が誘拐され、身代金23億円を要求する事件が発生していた。これにヒントを得て、日本でも要人誘拐の時代が到来したかのように演出したのである。

しかしキツネ目の男の犯行は、単純な誘拐ではなく、巧妙なトリックを組み込み、逮捕されるリスクを最小限に抑えた計画であった。おいおい明らかにしていくが、江崎社長の身柄を担保にカネを取るというよりは、江崎社長とその家族の恐怖心を人質にしてカネを取ろうと計画していたのである。ここに事件全体の縮図があった。

肉声テープの効果

通常、誘拐事件は、誘拐された被害者の生命の安全を最優先するため、警察側と新聞記者や放送記者でつくる「記者クラブ」との間で報道協定が結ばれる。そして事件に関するすべての報道は差し止められ、一種の報道管制が敷かれることになる。

この協定は、１９６０（昭和35）年の「雅樹《まさき》ちゃん事件」の反省から生まれたものだった。小学2年生の男児が誘拐され、身代金を要求される事件が発生した際、マスコミ各社は激しい取材競争で捜査状況などを逐一報道した。その後、逮捕された犯人が、誘拐から3日目に「雅樹ちゃん」を殺害したのは「新聞の報道で非常に追いつめられた」からと語ったため、誘拐事件では「報道を自制する協定」が結ばれることになったのである。

江崎社長が拉致されたときも、事件発生現場を管轄する兵庫県警は、拉致から約7時間後の3月19日午前3時55分に兵庫県警記者クラブに報道協定の申し入れをおこない、午前4時55分に仮協定が結ばれた。しかしこのとき、すでに「江崎社長の拉致」を報じる各紙の朝刊はほぼ刷り上がっていたのである。

朝日新聞は、朝刊一面トップで「グリコ社長を連れ去る」「入浴中、裸のまま」「『10億円出せ』と脅迫文？」の大見出しを掲げ、毎日新聞や読売新聞も、拉致されたときの状況や犯人の特徴などを詳報した。ＮＨＫにしても朝5時からのニュース番組でこの事件を取り上げ日本中が大騒ぎとなった。

報道協定が結ばれながら、なぜ、このような事態を招いたのか。元捜査幹部は、当時を振り返り苦笑交じりに語った。

「マスコミ各社が、脅迫状の内容を把握し、勝手に記事にしているとは、報道協定を申し入れた時点ではわからなかった。気づいたときはすでに遅く、もはや記事を差し止めることができなかったのです」

警察発表を待つことなく、記者たちが脅迫状の内容を把握できたのは、パトカーの警察官が、本部への報告のため警察無線でその全文を読み上げていたことによる。当時の警察はアナログ無線だったため簡単に盗聴ができ、警察担当の新聞記者や放送記者たちは、警察無線の盗聴を日課としていた。彼らはこの脅迫状の全文をリアルタイムで聞いていて、朝刊の締め切り間際に、記者クラブの各ブースから競うように出稿していたのである。

報道によって、全国の人々が事件を知り、大騒ぎとなっていたこの日の夕方、キツネ目の男は、脅迫状で指定した藤江取締役の家に電話を入れ、江崎社長の肉声が録音されたテープを流している。犯人らは、拉致した江崎社長を水防倉庫に連れ込んだ直後、次の文面を読ませ、小型カセットテープレコーダーに録音していたのである。

〈藤江さんのお宅ですか。車に金子《かねこ》（徹男《てつお》・常務取締役社長室長）が乗ってレストラン寿、電話は81―7××で連絡を待て。運転手は車に残って、もう一人が店へ入れ。中からも外からも見張られている。メモ用紙を用意して電話で待て。中村あて、中村あてに電話する。これからお前の名前は中村や。171号線に缶を置いてある。中に紙片が入っているのでそれを読め〉

江崎社長の怯え切った声を電話口から流すことで、江崎家の人々の不安を煽り、警察の指示ではなく、自分たちの指示に従わせようとした最初の一手だった。

次にキツネ目の男は、拉致から3日目の3月20日夜10時ごろ、水防倉庫であらたな文面を読ませ、二度目の録音をおこなった。一度目より切羽詰まった声で、犯人の指示に従うよう訴える江崎社長の肉声を聞かせることで、家族はもちろんのことグリコの役員たちの不安をよりいっそうかき立てようとしたのである。

〈藤江さんですか。藤江のアホ、金子のドアホ、お前らわしを殺す気か。警察の動きは筒抜けや〉〈藤江の家におるデカ追い出せ。犯人に殺されかけた。もう一回、警察を使うとわしを殺す、金はあきらめると犯人はゆーとる。犯人のゆーとおりにしろ。警察が手を引いたら連絡がある。あるぞ！　藤江、金子、頼むから、俺のゆーこと聞いて、犯人のゆーとおりしてくれ。ほんまに殺されるぞ〉

警察庁の元幹部によれば、この録音に関しこれまで公表してこなかった事実があるという。

「犯人が江崎社長に読めといって渡した脅迫状の原稿を、どういうわけか節々で中断させているんです。自分たちの声が入らないようメモをかざして、ここで3秒空けろとか、再び読めと指示してるんですね。なぜ、そんな指示をしたかと言えば、テープを編集しやすいようにするためでしょう。その後、丸大食品や森永製菓などに犯人が、模倣犯や愉快犯ではない真犯人の証明として江崎社長の肉声テープを送りつけていますが、それらはいずれも声の順番を微妙に入れ替えてありますから」

この録音中断と編集の事実を公表してこなかったのは、犯人を逮捕した際、特定の犯罪事実を知っているか否かを鑑別するポリグラフにかけるためであった。これら事実をぶつけて反応が出ても、あれは新聞を読んで知っていたと弁明されたのでは使えない。犯人しか知らない事実を残しておかなければ、ポリグラフ検査を正確におこなうことができないからだ。

自力で脱出した江崎社長

水防倉庫での二度目の録音を済ませると、キツネ目の男は、通常の誘拐犯には見られない行動に出ている。江崎社長ひとりを残し、それまで監視役として張り付けていたメンバーをも引き連れ姿を消していたのだ。監視役の男は、江崎社長を拉致した実行犯のひとりで、目出し帽がズレてニキビ顔をのぞかせた20歳前後の若い男だった。この男について、江崎社長は終始オドオドしていて鈍い感じがしたと、その後の事情聴取で語っている。

水防倉庫を引き揚げる際、倉庫内を掃除したうえ、「手が痛い」という江崎社長の訴えを聞き入れ、手錠を外し、ロープで両手を後ろ手に縛り直している。また、真新しい下着やシャツ、ジャージなども与えていた。

これらの衣類はその後の捜査で、この日の午後、春分の日の休日でごった返す京阪本線樟葉《くずは》駅前のくずはモール街の「スーパーイズミヤくずは店」で購入していたことがわかっている。

くずはモール街は、1972年に松坂屋とダイエー、そしてイズミヤが共同開発したショッピングモールで、犯人らは犯行前にも同モール街の「ダイエーくずは店」で、拉致後の江崎社長に与えた菓子パンやビスケット、缶コーヒーなどのほか、江崎邸へ侵入した際、家人を縛るのに使った赤色の粘着テープなども購入していた。

キツネ目の男は、水防倉庫を立ち去る際、江崎社長に夫人と長女を預かっていると告げたうえで、こう命じている。

「三十時間はここから動くな。動くと奥さんと娘の命はないぞ」

当初、江崎社長は、その命令を守りじっとしていたが、外で監視している気配がなかったため、手首を何度となく動かし、両手を縛られていたロープを外すと、水防倉庫から自力で脱出した。外は、荒涼とした野原に涸《か》れかかった河川が流れているだけで、監視役の犯人どころか人っ子ひとりいなかった。

水防倉庫は、3年前にこの地に移築されてから一度も補修点検されていなかったため、ふたつある出入口のうち、北側の引き戸を固定していたボルトとナットが赤さびて緩んでいた。四方の壁を叩いたり押したりしているうち緩みに気づき、ナットを外して脱出したのである。

犯人らが水防倉庫を立ち去る前日の20日午後、付近一帯をパトカーがサイレンを鳴らして走り、報道機関の取材ヘリが何機もホバリングする騒ぎが起きている。滋賀県草津市の会社員が誘拐され、監禁されていた団地から4日ぶりに保護され、犯人も捕まったことによる動きだった。この騒動から捜査の手が迫ってきたと勘違いした犯人が、江崎社長を解放したという見方がある。しかしそれならすぐにも姿を消していた。この日の騒動のおさまった夜に、再び、キツネ目の男が水防倉庫に現れ、江崎社長の肉声を録音することなどなかったはずだ。

従って、江崎社長の自力脱出は、もともとキツネ目の男の犯行計画に組み込まれていたことになる。3日間は身柄を拘束しておくが、4日目以降に解放するつもりだったのだ。

誘拐犯にとって、人質は足手まといであり、長く抱え続ければ続けるほどリスクは増大する。そもそも食事を与えるなどの世話が必要になるうえ、いつ予期せぬアクシデントが発生しないとも限らない。何より人質と一緒にいるところに踏み込まれれば逃れようがない。より安全にグリコからカネを取るには、人質ではなく、江崎家の人々の恐怖心を担保に取るのがいい。それには江崎社長の切羽詰まった声を聞かせ、カネを払わなければ一生付きまとうと脅し、江崎家の人々を心理的に追い込んでいく。暴力は使うとしても最小限にとどめ、精神的敗北をもたらすことで、マインドコントロール下でカネを払わせる。恐喝の典型的手口を使っていたわけだ。江崎社長の拉致は、そのためのトラウマ作りであった。

でなければ、水防倉庫に江崎社長をひとり残して立ち去る際、「30時間はここを動かずじっとしとれ」と時間を切ることはなかったはずだ。「30時間」の発言は、水防倉庫から脱出後、大阪府警と兵庫県警の合同捜査本部による四度の事情聴取において、江崎社長が明かしている。

前出の警察庁の元幹部も、この30時間について「事実上の解放通告」と語った。

「かりに、人質を担保にカネを取るつもりなら、江崎社長の拉致に成功しながら、水防倉庫にひとり残し、すんなり逃がすようなことはしない。徹底した監視下に置くか、殺すのが普通です。じっとしている時間を30時間と切ったのは、わざと逃がすつもりだったということでしょう。最初から逃がすことを予定していたのだから、グリコへの恨みで起こした事件でもない。一般的に事件というのは、難航し捜査幹部が悩むと怨恨説を採用したがる。深読みしたくなるんですね。ですから、幹部が頭を働かすと、ろくなことにならないんです」

警察庁元幹部のこの見解は、しかし合同捜査本部で共有されることはなかった。その後も事あるごとに怨恨説が浮上し、犯人像の絞り込みの妨げになっていくのである。

「金髪モデル募集」の求人広告

ただキツネ目の男にとって、多少なりとも計算外だったのは、江崎社長が完全なマインドコントロール下にあると高を括っていたことだ。30時間は水防倉庫でおとなしくしているとの前提で、水防倉庫を後にした約17時間後、拉致から4日目の3月21日午後3時3分、二度目の録音テープを藤江取締役の自宅にかけた電話で流している。予定ではあと半日、江崎社長は水防倉庫でおとなしくしているはずだったからだ。

「藤江のアホ、金子のドアホ、お前らわしを殺す気か……ほんまに殺されるぞ……」と原稿を読み上げる江崎社長の声には、一度目の録音時以上の切迫感があった。だが、電話を受けた藤江取締役も合同捜査本部の捜査員たちも、首をひねりながらこの録音テープを聴くことになる。すでに1時間ほど前、江崎社長は水防倉庫を脱出し、警察に保護されていたからだ。

水防倉庫を抜け出した江崎社長は、目の前の新幹線車両基地に隣接した国鉄大阪貨物ターミナル駅に駆け込み、作業中の保線区員に助けられている。同駅輸送本部事務所から自宅に電話を入れると、犯人に拉致されたと思い込まされていた7歳の長女が無事であることを夫人から知らされ、人目をはばかることなく大声をあげて泣いていた。

その後、午後3時15分に高槻署で、社長専属の運転手である加藤幸雄《かとうゆきお》が江崎勝久本人であることを確認したため報道協定は解除され、朝日新聞と毎日新聞は、号外で「グリコ社長　無事保護」「誘拐グリコ社長を保護」と報じた。

これで事件は解決したと誰もが考えたが、キツネ目の男にとっては、まさにこれからが本番だった。

江崎社長が水防倉庫から脱出して2週間後、江崎家にもようやく平穏な日常が戻りつつあった4月2日、速達郵便で大型茶封筒に入った長文の脅迫状を江崎家に送り付けている。事件はまだ終わっていないことを知らせる文面であった。

〈勝久　え　これは　けいさつえ　みせるな
ようもやくそく　やぶって　にげおったな

にげたり　さかろうたり　したら
おもえも　長女も　殺す　いうたやろ
ナカマは　みんな　はらたてとる
やくそくどおり　むすめ　殺せ　いうもんも　おる
おまえを　もう1ど　さろうて　塩さんで　かお　あろうたれ　いうもんも　おる
うちごと　マイトで　みな殺ししたれ　いうもんも　おる
よめはん　さろうて　おもちゃにして　殺したれ　いうもんもおる
鉄ぽうだま　うちえ　ぶちこんだれ　いうもんもおる
おばやしの　聖心や　にがわの学こうえ
青さんソーダ　ばらまいたれ　いうもんも　おる
ほかのもんも　みんな　はらたてとるで
わし　ひとりが　ナカマが　あばれるのを　とめているんや
もう1どだけ　チャンスを　やる
こんど　わしらを　うらぎりおったら　おまえら6人は
わしらに　殺されるまで　いきる　だけや

（略）

いのちと　金と　どちらが　たいせつや

いのちがおしければ　金を　よおい　しろ
死にたければ　けいさつえ　れんらく　しろ
こやで　ポラロイド　５まい　うつしてる
なかには　はだかの　はづかしいのも　あるで
フォーカス　やったら　５００万で　かうやろ
いっしょに　おくったテープも　高う　うれるやろ
写しんだい　テープだいも　いれて　おとしまえの　金は
おまえのかぞく　一人　１０００万　６人で６０００万や
１０００万づつ　ぬののふくろに　いれて　よおいしろ〉

〈おばやしの　聖心や　にがわの学こう〉とは、長女が通っていた小林聖心女子学院小学校と長男が通っていた仁川学院小学校のことである。子供たちをも標的とすると伝えることで、江崎家の人々の恐怖心をよりいっそう煽ろうとしたわけだ。また〈いっしょに　おくったテープ〉とは、水防倉庫で江崎社長の声を録音した二度目のカセットテープのことであり、このほかロート製薬の目薬容器に入れた濃塩酸も同封していて、そこにはこう書かれていた。
〈めぐすりの　いれもんえ　いれてあるのは　塩さんや　10円だまに　かけてみ　ようとけるで〉

脅迫状の後半部分は、カネの受け渡しについての指示だった。

〈4月8日　ごご7じに　おまえの　うちの　64―4×××え　TELする
金は　運てん手の加藤に　もたせて
甲子えん学えん　東のきっさ店　マミー　64―0×××で　またせとけ
（略）
このこと　相だんして　ええのは　女房と母親だけや
大久保も　金子も　藤江も　た人や
けいさつえ　いえ　いうにきまっとる
そしたら　おまえら　6人は　1年も　いきて　いられへん
金もろうたら　おまえら6人　ゆるしたる
もう2どと　なにも　せえへん
金だすなら　4月5日か7日の　まい日と　よみうりと　あさひの
求人こうこくえ　下のこうこくを　のせろ
金の　うけわたしに　てちがいあったら
15日の日ように　おなじこと　くりかえす（以下略）〉（1984年4月2日・西宮郵便局管内から投函）

夫人と母親だけに相談すれば、カネで家族の安全が守れるなら早く払ってしまい、疫病神のようなかい人21面相と縁を切りたいと考えるはず、と読んでのことだ。

指定した求人広告は、「金髪モデル募集」というものだったが、ここで注目すべきは〈てちがいあったら　15日の日ように　おなじこと　くりかえす〉と、1週間後の日曜日に裏取引のやり直しを予告していることだ。キツネ目の男は、はじめから喫茶店「マミー」に出かけていくつもりはなく、警察が張り付いているかどうかをチェックする下見として設定していたのである。当日、警察が張り付いていれば、さらなる脅しをかけ、警察が張り付いていなければ、仕切り直しの日時と場所を連絡するつもりだった。そのため江崎家が、カネを払うつもりで「マミー」に行ったものの、何の接触がなくても戸惑わないよう親切にやり直しを予告していたのである。

このとき、大阪府警は「金髪モデル募集」の求人広告を出させなかった。犯人はカネが欲しくて、人質を失ったあとも身代金を要求してきているのだから、カネの受け渡し現場に現れる。そこで簡単に逮捕できると考えていたのである。この判断は、それまで捕らえてきた粗暴犯を念頭に置いたもので、いかにも楽観的だった。キツネ目の男の用心深さに想像が及ばず、その能力を見くびっていたことを物語っている。

一方、キツネ目の男は、江崎家の人々が指示に従わず、「金髪モデル募集」の新聞広告が7

日の朝刊に掲載されていないのを確認すると、すぐさまマスコミ宛てに次の挑戦状を書き上げ、午後には大阪中央郵便局管内のポストから投函した。

〈けいさつの　あほども　え
おまえら　あほか
人数　たくさん　おって　なにしてるねん
プロ　やったら　わしら　つかまえてみ
ハンデー　ありすぎ　やから　ヒント　おしえたる
江崎の　みうちに　ナカマは　おらん
西宮けいさつ　には　ナカマは　おらん
水ぼう組あいに　ナカマはおらん
つこうた　車は　グレーや
たべもんは　ダイエーで　こうた
まだ　おしえて　ほしければ　新ぶんで　たのめ
これだけ　おしえて　もろて　つかまえれん　かったら
おまえら　ぜい金ドロボー　や
県けいの　本部長でも　さろたろか〉（１９８４年４月７日12時～18時・大阪中央郵便局

管内から投函）

この全文を、毎日新聞はマミーでの裏取引の翌日に報じている。自信満々で警察を小ばかにするふてぶてしい態度とその反応の速さに、江崎家の人々は少なからぬ威圧を感じたはずである。

恐怖心を人質にとる手口

キツネ目の男の念の入れようは、新聞広告が掲載されなかったにもかかわらず、捜査体制の確認のために「マミー」の現場をどこかから観察していたことにも表れている。

裏取引の当日、4月8日の日曜日の夜7時前、グリコ社員に扮した捜査員は、「マミー」のドアを開け、店内に入ろうとしたところで立ちすくんでしまった。そして慌てた調子で指揮本部に無線連絡している。

「マスコミがいっぱいいで、店に入れません」

狭い店内は、警察担当の新聞記者や放送記者で埋め尽くされていたのである。彼らは犯人逮捕の瞬間を撮ろうと、ほぼ全員がカメラを構えていた。捜査幹部の誰かが、この日の捜査をマスコミに漏らしたのは明らかだった。そして、そんな捜査の失態をキツネ目の男に把握されていたのである。

阪急電鉄の西宮北口駅発の循環バス（西宮中央病院前経由）の、午後6時24分発に乗れば、途中、喫茶店「マミー」のすぐ隣の甲子園学院前に午後6時55分前後に停車する。もしくは「マミー」の前の幹線道路を、その時刻前後に乗用車で走れば、周辺の捜査体制を確認できた。

キツネ目の男は、2週間後、グリコに宛てた脅迫状でこの日の捜査を茶化し〈マミーえ　新聞紙　もっていった　ポリ公なんか　マンガやで〉と書いていた（4月21日付指示書）。

指示に従わず、一向にカネを払おうとしない江崎家の人々に対し、キツネ目の男は、脅迫がこけおどしでないことをわからせるため、「マミー」から2日後の4月10日、グリコへの放火をおこなった。カネを払わない限り、いつまでも付きまとい、何をされるかわからないと思わせるための追い込みのひとつだった。

この日の夜8時50分ごろ、夜間人通りが絶える本社社屋に面した道路から、まずはガソリンを浸した座布団に火をつけ投げ込み、工務試作室を全焼させている。次にその足で、淀川を挟んで本社と向き合うグリコ栄養食品に向かい警備員のいない通用門から侵入し、ガソリンを入れたプラスチック容器の口に詰め込んだ布に火をつけ、駐車場のライトバンに投げつけた。

そして5日後の4月15日、グリコ本社に脅迫状を2通送り付けている。一通は江崎社長に宛てたもので、もう一通はグリコの大久保武夫会長と社長室長の金子徹男常務に宛てたものであった。

〈勝久え

おまえは　そんなに　死にたいか　死にたければ　死なせてやる
塩さんの　ふろ　よおいした
もう1ど　さろうて　ふろに　つけたる
顔あらう　だけでは　すまん
けいさつの　うごきは　なんでも　しってる
けいさつに　ナカマが　おるんや
8日（註：「マミー」の当日）は　あほどもが　あほなこと　しておった
あほどもの　あいて　できるか
おまえは　かんたんには殺さへん
わしらを　なん回も　うらぎりおった
ゆっくり　くるしめて　殺したろうと　おもってる
けいさつなんか　あてに　するな　あいつら　あほばかりや
せかい中　どこえ　にげても　むだや
どうしても　死にたくなければ　金をだせ
わしらを　うらぎったから　金は　2ばいに　する
社長だけの　せきにんや　ないから　社長は　6000万
会社は6000万　つかいふるしの　1万円さつで　よおいしろ

（略）

金もろたら　おたがいに　えんぎれや（以下略）〉

大久保会長と金子常務に宛てたものは、裏取引に応じなければ、さらに犯行を激化させると予告していた。

大久保会長は、社業のみならず江崎家を支えてきた忠実な番頭であった。そして常務取締役で社長室長だった金子は、社内序列でナンバー・スリーの地位にあった。このふたりに対し、指定の新聞広告を出し、カネを払う意思を示さなければ、青酸ソーダ入り〈アーモンドチョコレート〉をスーパーに置いて回ると脅したのである。

〈大久保　金子

ええかげんに　金を　だせ

塩さんの　ふろ　よおいした

社長（略）のじゅんに　いれたる（略）おとなは　いきたままや

いばらき市の　野野宮の　あけぼの橋の　下に

すこし　えんさんを　おいた　あしでも　つけてみ

（略）

会社も　つぶしたる　コンチマシンを　マイトで　つぶす
青さんいりの　アーモンドチョコレート　20こ　よおいした
スーパーえ　おいてまわったる　はよう　新聞こうこく　だせ〈以下略〉〉

「コンチマシン」とは、コンチングマシンのことで、チョコレートの原料となるカカオを練り上げる機械である。一般には知られていないこの特殊な加工機械の名称をあえて書き込んだのは、チョコレートの製造工程に詳しい者がいることを匂わせ、〈青さんいりの　アーモンドチョコレート　20こ……スーパーえ　おいてまわったる〉との脅し文句に、より信憑性を持たせる狙いがあったのだろう。

青酸ソーダは、0・15〜0・2グラム程度で人を死に追いやることのできる毒物だ。グリコの看板商品であるアーモンドチョコレートに青酸ソーダを入れられ、市場にばら撒かれたのでは経営は大打撃を受ける。

また、拉致されたときの恐怖を思い出させようと、茨木市の安威川にかかっている曙橋の左岸橋脚台に、濃度30パーセントの濃塩酸3・4リットルを入れた20リットル用の赤いポリタンクを置いている。この場所は、江崎社長が監禁されていた水防倉庫から2キロほど北の川沿いにある。

犯人グループにいた35歳前後の女

この脅迫状がグリコに届いた翌日の午前中、たまたまNHKの取材班が、「水防倉庫から安威川沿いに北上する堤防道路を撮影しているうちに、変な光景に遭遇した。倉庫から二キロほど離れた茨木市東野々宮町の安威川に架かる曙橋のたもとで、大阪府警の機動鑑識班員たちが土手の雑草のなかをはいつくばったり、付近の見取り図を描いたりしていた」のである。

NHKはその模様をカメラに収めたのち、府警幹部に取材したため、秘密の保持＝「保秘」を維持できないとして大阪府警は記者会見を開き、犯人からの新たな脅迫状と、そこに記されていた濃塩酸の発見を公表した。

翌17日の新聞各紙は、「えんさん　きけん」「江崎勝久」と書かれたポリタンク発見のニュースを一斉に報じている。ここでもまた、キツネ目の男が仕掛けた神経戦が功を奏し、報道によって江崎家の人々は精神的に追い詰められていくことになる。いつ、何時、家族が襲われるかもしれないとの不安と恐怖から、このあと警察に届けることなく、裏取引でカネを払う決断をいったんはしているからだ。

その引き金となったのが、次の捜査である。

塩酸入りポリタンクが発見された3日後、グリコは犯人が求めていた新聞広告を、大阪府警の指導のもと4月19日の朝日、毎日、読売の「尋ね人欄」に出した。文面は犯人指定の「太郎

すぐかえれ　愛犬タローも　まっている　妹より」であった。裏取引に応じると見せかけ、犯人を現場におびき出す作戦が立てられたのである。

この広告掲載から2日後の4月21日、藤沢和己《ふじさわかずみ》監査役の自宅に3通目の脅迫状が届いている。

〈勝久え
よお　けっ心　した　この　うらとりひきは　けいさつにも　マスコミにも
ゆわへんから　かならず　金もってこい
運てん手の　加藤にも　なにも　せえへん　心ぱい　するな
（略）
加藤には　白かアイボリイの　レインコートを　きせて
白か　アイボリイの　カローラで　こい
藤江の　うちえ　4月24日火よう日　ごご7じ　30分　TELする
（略）
加藤は　豊中市　上島津のレストラン　ダンヒル　TEL　863―1×××で
金もって　まっとれ
加藤は　ちっこいじを　よめるように　じゅんび　しておけ

藤江が　ダンヒルの　加藤え　れんらく　すること
TELの声は　変やけど　なにも　いわずに　きけ（以下略）〉

現金持参人に指名された社長専属の加藤幸雄運転手は、江崎社長が水防倉庫から自力脱出した際、高槻署で本人確認していて、その名が新聞で報じられていた。顔写真までは載っていなかったが、犯人側が顔を知っている可能性もあるということで、大阪府警は加藤運転手を現金持参人として「レストラン・ダンヒル」に向かわせた。

「ダンヒル」の店内で待機していた加藤運転手に、午後7時半過ぎ、グリコの藤江取締役から連絡が入った。その少し前、かい人21面相から藤江宅に電話があり、はきはきした口調の女の声を録音したテープが電話口から流され、こう指示があった。

〈名神高速を85キロで吹田サービスエリアへ走れ、京阪レストランの左側のタバコの自販機の上に手紙がある。手紙の通りしろ〉

この女性の年齢は、当時35歳前後と推定され、現在なら70代前半ということになる。

連絡を受けた加藤運転手は、1億2000万円の現金を積んだ車で、最寄りの豊中インターチェンジから名神高速道路に入り、約7キロ先の吹田サービスエリアに時速85キロで向かっている。約20分ほどで指定されたタバコの自動販売機の前に到着したものの、加藤運転手は車から出ることができなかった。車を出てタバコの自販機に向かうよう捜査員が無線で促しても、緊張と怯えから金縛りにあっていて、まったく動けなくなっていたのだ。

仕方なく警護にあたっていた捜査員が、自販機の上に置かれていた指示書を取り、次の指定先である〈国鉄高槻駅南口の松坂屋の北の電話ボックス〉に向かった。順調に行けば、「ダンヒル」から40分ほどで到着できたはずが、優に1時間以上かかっていた。

しかし高槻駅の公衆電話ボックスには、新たな指示書はなかった。キツネ目の男は最初からグリコが警察に届けていないかどうかをチェックするため、現金持参人を振り回していたのである。そしてどこかから、この日、加藤運転手に捜査員が張り付いているのを見ていたのだろう。

約2週間後、ゴールデンウイーク明けの5月9日に朝日、毎日、読売、サンケイの各紙に送り付けた挑戦状で、グリコへの怒りをあらわにした。

〈グリコは　なまいき　やから　わしらが　ゆうたとおり
グリコの　せい品に　せいさんソーダ　いれた
0・05グラム　いれたのを　2こ
なごや　おか山の　あいだの　店え　おいた
死なへんけど　にゅう院する
グリコをたべて　びょう院え　いこう

10日したら　0・1グラム　いれたのを　8こ
東京　ふくおか　の　あいだの　店え　おく
また10日　したら　0・2グラム　いれたのを　10こ
北海道　おきなわ　の　あいだの　店え　おく
グリコをたべて　はか場え　いこう〉

まずは、名古屋と岡山のあいだのコンビニなどに青酸ソーダ入りグリコ製品をばら撒き、その10日後には東京―福岡間の店に、さらにその10日後には北海道から沖縄まで、日本全土を対象に致死量の青酸ソーダ入りグリコ製品をばら撒くとの通告であった。

株価ストップ安

このショッキングな内容を新聞でどう扱うか、各社悩んだ末、最終的に紙面掲載に踏み切っている。朝日新聞大阪社会部の『グリコ・森永事件』によれば、編集局内で次のような侃々《かんかん》諤々《がくがく》の議論があった。

「社会部をはじめ編集局で議論があった。
『挑戦状をそのまま新聞に載せるのは、犯人の思うツボやないか』
『しかし、公表しない訳にはいかへんで』

夕刊の締め切り時間との闘いのなかで、挑戦状のコピーを何枚も取って、みんなが何度も読み返した。あまりにも衝撃的な手紙だった。誘拐、脅迫、放火、塩酸放置、そして青酸ソーダ混入。一連の異様な展開をみせていた事件は、ここにきてついに極まった、と寒々とした動揺があったのは確かである。編集局幹部が最後に決断した。当日の『朝日新聞』の夕刊は、挑戦状の要旨だけを載せ、社会面に三段という地味な扱いになった。だが輪転機が回るより早くテレビ、ラジオが全国へ電波を流していた」

日本列島を対象に、これほど広範囲に致死量の青酸ソーダを混入させた製品をばら撒くと宣言されれば、安全な製品を消費者に届けるという流通業の使命からいっても、グリコ製品を扱うことはできなくなる。

大手スーパーのダイエー、ジャスコ、ニチイ、イトーヨーカドーなどが、即日、グリコ製品の販売中止を決めた。

「関西、中部地方で相次いだグリコ製品販売中止の動きは十一日、関東地方にも飛び火し、スーパーやデパートの一部が同製品の店頭からの引き揚げを決めた。これらの動きを反映して東京証券取引所では、グリコ株に売り注文が殺到、グリコ製品をめぐる〝パニック〟状態は、急速に広がっている」(『読売新聞』1984年5月11日付夕刊)

事件前700円台だった株価は485円まで暴落。ストップ安となった。当時、グリコが大阪府警と兵庫県警の合同捜査本部に提出した「被害報告書」によれば、グリコ栄養食品とグリコ協同乳業を含めたグループ3社の損害額は「10日で約25億円」とある。
こんな状態がいつまでも続けば、本当に会社はつぶれてしまう。頭を抱えるグリコの苦境を見透かしたように、さらに1週間後の5月18日、キツネ目の男は毎日新聞とサンケイ新聞にあらたな挑戦状を送り付けた。挑戦状のタイトルは〈ダイエーの　社長え〉となっていて、ダイエーから他のスーパーなどへ、グリコ製品を売らないよう連絡させるという内容だった。市場からグリコを締め出すため、食品流通業界をも脅迫している事実をマスコミに知らせ、しかも送付先の新聞社を2社に絞ることで、他社の後追い記事で騒ぎをより大きくしようと狙ったものだった。

〈ダイエーの　社長え
グリコの　せい品　うらんで　よかったのう
あとで　わかるで
もうすぐ　8こ　おかなならん
わしら　こまっとるんや
どこいっても　グリコ　あらへん
はよ　店え　おいて　ほしい
はじめに　おいた　スーパーか　デパートには

8こ　のうち　5こ　サービスしたる
ほかの　スーパーえ　おまえの　とこから
れんらく　しとけ〉

これだけ脅せば、いやでもグリコは裏取引に応じてくるとの自信があったのだろう。キツネ目の男は、裏取引をこれまでのようにグリコに伝えるのではなく、関連会社を経由させる方法に切り替えている。直接、グリコに脅迫状を送れば、必ず警察がチェックし、応じたくても応じられないと考えてのことだ。

警察の監視をかいくぐる方法として、グリコの大口取引先である長岡香料の原田《はらだ》昇《のぼる》社長に、グリコへの脅迫状を届けるよう指示していた。長岡香料は、明治28年創業の食品香料や果汁、色素などをグリコに納入しているフレーバー企業である。

〈原田　え
これを　グリコの　社長か　常むえ　わたせ
TELは　けいさつが　盗ちょう　しとるから　あかん
ゆうびんは　けいさつが　見おるから　あかん
おまえが　もっていけ

わしらの　ゆうとおり　せえへんと　グリコと　おなじめに　あう
グリコでも　つぶせるんや
おまえの　とこなんか　マイト１００本　つこたら　きえてまうで〉

原田社長に届けさせた脅迫状には、少しでも自分を大きく見せようと、キツネ目の男は知ったかぶりの経営数字もあげていた。

〈グリコの　あほども　え
おまえら　商売人か　商売人は　そんせえへん
けいさつの　ゆうこと　きいて　なんか　ええこと　あったか
わしらの　ゆうこと　きいておれば　６０００万で　すんだんや
あと1年はんで　グリコは　つぶれる
うらぎりおったら　つぶす　ゆうたやろ
青さんソーダは　なんぼでもある
つぎのバレンタインの　まえは青さんカリ　つこうたる
きょ年は　アイスだけで　冷夏だけで　40億へった
青さんやったら　１００億より　もっと　へるで

２００億の　よ金も　人けんひで　のうなってまう
ナカマは　やくそくどおり　つぶしてまえ　ゆうとる
そやけど　わしらは　ゆるしてやっても　ええ　おもっとる
いままで　わしも　金つこうとる　罰金はろたら　いびるの　やめて
まえより　うれるように　ＣＭ　したる（略）
罰金２億４０００万　ＣＭ料６０００万　だせ（以下略）〉

　ここであげている経営数字は、内部事情に詳しくなくても誰もが入手できるものだ。前年度のグリコの有価証券報告書に記載されている数字だからだ（１９８３年6月30日提出）。

　同報告書には「冷夏の影響を大きく受け、冷菓部門の不振によって……前期比約２％の減益」とあって、冷菓の売上高は前期の約１９９億円から約１５６億円へと40億円減少したとある。預金額にしても、「現金及び預金」に「関係会社短期貸付金」などを加えると約２０２億円となる。

　グリコの大口取引先である長岡香料にしても、同じ有価証券報告書に記載されているうえ、裏取引の当日、電話を入れるとあった中央区道修《どしょう》町の基礎研究室の住所と電話番号は『日本香料工業会十年史』（１９８１年2月発行）に載っている。キツネ目の男は、それら資料を図書館で検索していたのであろう。学生や社会人がこなせる程度に資料調べに慣れていて、リアリティーを出すためにわざわざ数字を拾い出していたのである。その脅迫状には、一方でキツネ目の男のジレンマも滲《にじ》んでいる。犯行自体は計画通りうまく運んでいるにもかかわらず、いまだカネを手にできない焦りである。だからこそ、

〈いままで　わしも　金つこうとる
罰金はろたら　いびるの　やめて
まえより　うれるように　CM　したる〉

と犯行計画の準備のため費やしてきたカネを回収できない苛立ちと、お門違いの妥協案を書いていたのである。

その焦りを理解できず、脅迫状の文面に振り回され、「長岡香料がグリコの大口取引先であることは、社内でも限られた部署しか把握していなかった上、長岡香料研究室の直通番号も公表されている訳ではない」と、捜査幹部が記者たちにレクチャーしていたとすれば、しょせん、キツネ目の男の敵ではなかった。

「グリコは捨てる」

長岡香料を経由して届けられた脅迫状には、これまでのように新聞広告を使うのではなく、2日後の5月22日と23日、グリコ本社内の敷地に車体の色が赤と白の車を5台、赤、赤、赤、白、赤の順で並べろとあった。犯行パターンを変え、警察に察知されることなく、なんとして

も裏取引でカネをせしめようとしたのである。

指定の敷地は、大阪―神戸間を走る東海道線の車窓から確認できる位置にある。グリコの営業車をそのとおり並べると、さらなる指示書が長岡香料を経由して届けられた。

そこには5月26日の土曜日、3億円を積んだ車で午後7時45分までに大阪・茨木市のロッテリア茨木店に行き、そこで次の指示を待てとあった。その指示は長岡香料に電話で伝え、長岡香料からロッテリアの現金持参人に伝えるよう手順も記されていた。

グリコは、このとき、警察に内緒で犯人と裏取引をするつもりだった。指示通り3億円を用意し、ロッテリア茨木店で待機するが、午後7時45分に犯人から長岡香料にかかってきた電話の指示内容を聞き取ることができなかった。まったく身動きが取れないまま、ロッテリアでただひたすら待機する様子を、かい人21面相はどこからか観察していたはずである。

3日後の5月29日、〈けいさつが　たよりに　ならんこと　やっと　わこうた　らしいな〉との文書が届き、6月2日の土曜日に裏取引をやり直すとあった。そして前々日の5月31日に、カネの受け渡し場所を「大同門」と通告してきたのだった。

ところがこの時点でグリコ側は、いったんは決意した裏取引の意思を捨てていた。長岡香料にかかってきた犯人からの電話の声が聞き取れなかったため、とても自分たちだけでは対応出来ないと判断したのである。

ロッテリア茨木店の翌日、グリコの幹部は大阪府警に足を運び、平野雄幸捜査一課長に頭を下げた。元捜査幹部によれば、グリコ側は平身低頭でこう謝罪したという。

「実は、警察に内緒で裏取引をやろうとしたけれど失敗した。我々では、とても無理だとわかった。以後は、警察のご指示通りなんでも従います」

ロッテリア茨木店が、彼らにとって様子見の予行演習とすれば、次が本番であり勝負をかけて犯人はカネを受け取りに来るはずだ。グリコが裏取引を続けるものと、かい人21面相は思い込んでいる以上、大阪府警はこのヤマで犯人を逮捕すべく、入念な捜査網を敷いた。しかしすでに述べたように、キツネ目の男をリーダーとするかい人21面相は、デート中のアベックを襲い、元自衛隊員の男性にカネを取りに行かせたことで、まさに間一髪で逃げ延びていたのである。

このあと、キツネ目の男は、グリコからカネを取ることを諦めている。グリコを脅し続け、再度、裏取引に誘い出したとしても、またどんな罠が仕掛けられているともわからない。これ以上深追いして、万一、逮捕でもされれば世間の晒《さら》し者となり、自分たちだけでなく親兄弟までもが住み慣れた家にも住めなくなる。その恐怖が、グリコを捨てさせたのだ。思い切りよくこう決断できるところが、キツネ目の男の強みでもあった。

ただ、グリコは捨てるにしろ、これまで時間と労力とカネをかけ、準備してきた犯行計画まで捨てるわけにはいかない。グリコに代わって他の菓子メーカーや食品メーカーからカネを取るため、キツネ目の男は、いかにも裏取引でグリコがカネを払ったかのように見せかけようと、人々の誤解を誘う仕掛けを打った。

取引に応じるか、否か

「大同門」での逮捕を逃れてから約1ヵ月後の6月26日、キツネ目の男は、突如、手の平を返し、グリコへの「犯行終結宣言」を朝日、毎日、読売、サンケイの各新聞社に送り付けた。

〈わしら　もう　あきてきた
社長が　あたま　さげて　まわっとる
男が　あたま　さげとんのや　ゆるして　やっても　ええやろ
ナカマの　うちに　4才の　こども　いて
まい日　グリコ　ほしい　ゆうて　ないている
わしらも　さいきん　たべへんけど　むかしは　よう　くうた　もんや
こども　なかせたら　あかん
うまい　くいもん　のうなったら　わしらも　こまる
江崎グリコ　ゆるしたる
スーパーも　グリコ　うってええ
（略）
日本は　むしあつう　なってきた　ひとしごと　したら

ヨオロッパえ　いくつもりや
チュウリヒ　ロンドン　パリ　の　どこかに　おる
けいさつも　ようやった　これに　こりんと　がんばりや
ホームズ君でも　わしらには　かてんのや
かい人20面相　よんだら　あたま　ようなるで
けいさつの　ヨオロッパ　ツアー
かい人21面相を　つかまえに　ヨオロッパえ　いこう
たびの　おともに　グリコの　ポッキー
わしも　たべてる　おいしい　グリコ
かい人21面相
らい年　1月に　かえってくる〉（1984年6月25日18時〜24時・京都中央郵便局管内から投函）

あたかも絶対権力者のような口ぶりで、カネを払ったからこそグリコを許してやったと言わんばかりの文面だ。次に標的とする食品メーカーや菓子メーカーに対し、無駄な抵抗をすることなく、要求されたカネをさっさと払ったほうが得策と、ソロバンを弾かせようとしてのことだった。

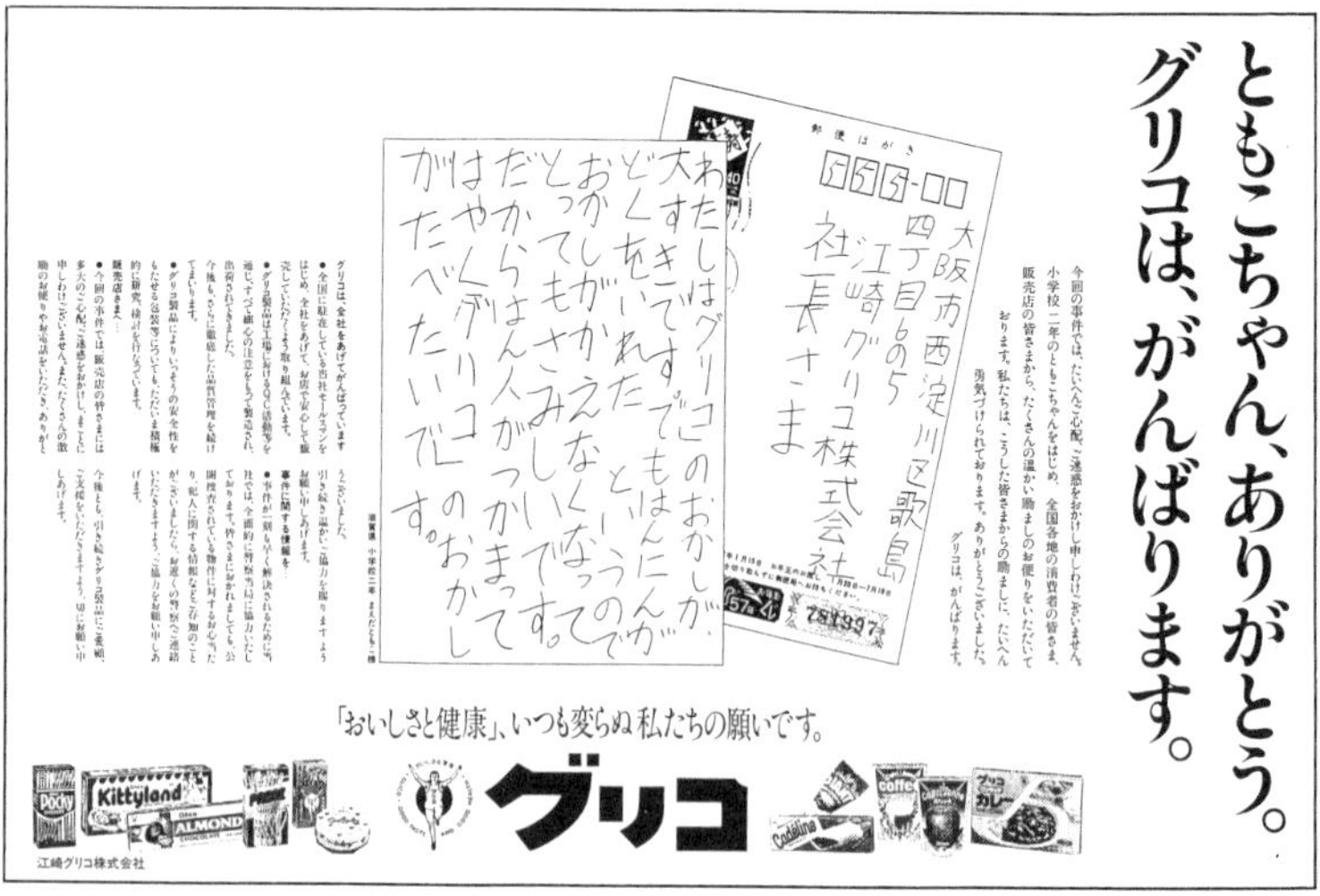

6月24日の全国紙に掲載された広告

グリコへの終結宣言は、6月24日の日曜日の朝刊各紙に掲載されたグリコの新聞広告を見たキツネ目の男が、その日のうちに書き上げたものだった。

「ともこちゃん、ありがとう。グリコは、がんばります」とのキャッチコピーとともに「小学校二年のともこちゃん」から送られてきたハガキを使った広告は、新聞紙面の半分近くを占める全7段のもので、子供らしいたどたどしい文字の応援文が載っている。

「わたしは『グリコ』のおかしが、大すきです。でもはんにんが　どくをいれた　というので　おかしがかえなくなってとってもさみしいです。だからはん人がつかまって　はやく『グリコ』のおかしがたべたいです」

このグリコの広告は、5日後の6月29日に開催される定時株主総会に向け、犯人には屈しないとの企業メッセージを発したものだった。

ところがキツネ目の男は、この広告を、犯人にカネを払った合図と世間に思わせるため、急ぎ終結宣言を書いていたのである。実際、業界関係者だけでなく新聞記者たちも想像をたくましくした。

朝日新聞大阪本社の社会部記者も裏取引を疑い、グリコ広告部長の布川裕保を取材している。このとき、布川は不快感もあらわにこう述べた。

「あの広告は掲載日の一カ月前から準備していた。葉書の主は実在しているし、掲載について本人と家族の了解も得ています。なにかの合図？　とんでもない、だれがそんなことをいってるんですか！」

新聞広告と終結宣言に加え、もうひとつ予期せぬ出来事が加わったことで、裏取引がぜん信憑性を帯びることになった。

グリコの株主総会に、松下電器（現・パナソニック）の創業者でグリコの非常勤取締役でもあった松下幸之助《まつしたこうのすけ》（当時89歳）が、高齢をおして出席したのである。関西財界に絶大な影響力を保有する幸之助が出席したことの意味を、多くの企業経営者は、グリコのことでもうこれ以上騒ぐな、幕引きにしろとのメッセージではないかと勘ぐった。

ある菓子メーカーの元副社長は、誰もが感じていたが口に出さないことを言ってのけた。

「結局ね、松下幸之助さんが出てきたということは、関西財界はこの問題を鎮静化させろということだと思いましたね。すでに裏取引はおこなわれていて、これが表に出たら大変なことになる。だから関西財界を抑えるため、睨《にら》みをきかせるために出席したんだと言われていましたね。とかく裏取引の噂が絶えなかったですから」

松下幸之助とグリコの創業者江崎利一とは、戦前から親交があり、ともに無一文から事業を興した者として「文無し会」と名付けた懇親会を定期的に開いていた。幸之助は、江崎勝久社長の実質的な後見人でもあり、大学卒業後の江崎社長を2年間、松下電器で預かっている。

執拗にグリコを攻撃していた犯人だけに、この元副社長は裏取引がなければ終結宣言など出ないと心底信じているようだった。

「僕は、個人的には勝久君と仲良くずっと業界で仕事してるのでね。こんなことはうっかり言えませんよ。裏取引をやったのは、会長の大久保武夫さんだったと……。彼の名前が出ていたんですよ。勝久君は社長でもまだ若いし、水防倉庫に持っていかれ、あんな目に遭っているから、とてもそんな気力はない。この問題で、話をつけられるのは大久保さんしかいないというわけですよ」

このあと、かい人21面相に脅迫された菓子メーカーや食品メーカーの経営陣は、要求されたカネをさっさと払ったほうが被害は少ないと思いながらも、そんなことをして裏取引がバレた日には企業として存続できなくなる。この葛藤の中で悩み抜き、裏取引をあくまで拒否する企業と、裏取引に応じカネを払う企業とに分かれていくのである。

3——「キツネ目の男」登場

次なるターゲット

グリコからカネを取ることをいったん諦めたかい人21面相が、次に脅迫状を送り付けたのは丸大食品だった。

丸大食品が新たな標的となったことを大阪府警は、新聞記者や放送記者に知られないよう「保秘」を徹底させた。警察が捜査していることがわかると犯人は出てこなくなる。専従捜査員に対しても、担当以外のことは捜査するに及ばず、関心を持つこともならずと厳命していたのである。

それほど情報管理を徹底していても漏れるのが大阪府警だったと、警察庁の元幹部は語っている。

「一度、近畿管区警察局の2府4県の警察本部で、捜査情報をマスコミが察知するまで何日持つか、訓練をやれと言ってやらしたことがある。大阪府警は一日も持たなかった。あとの警察本部は3日間漏れなかったというんですが、とにかく大阪は漏れるのが早かった。グリコ森永事件の対策室を密かに府警に設置したときも、1時間後には各社から問い合わせがあったほどですから」

保秘を厳命したはずの丸大食品の捜査にしても、およそ1ヵ月後には朝日新聞にその一部が抜けていた。かい人21面相は、グリコへの終結宣言を出した1984年6月25日以降、水面下深くに潜ってしまい姿を見せなくなっていた。この時期、朝日新聞は事件経過を振り返る企画として、「グリコ事件　休戦状から1カ月」と題した連載記事を7月24日の夕刊からはじめている。

第1回は、サブタイトルを「影追い走る捜査員」とし、終結宣言後も犯人は6月28日と7月6日の二度にわたり、グリコに裏取引を持ちかけていたと報じた。

「(六月二十八日) その夜七時。雨脚が強まる中で、府警の特別編成部隊三十人が極秘の捜査網を敷いた。六千万円を要求する新たな脅迫状がグリコ本社に届いていたからだ。模造紙幣を詰めたかばんを持った刑事が、指定された高槻市内のレストランへ。そこに犯人から電話――『国鉄東海道線の高槻駅の案内所に手紙を置いた』。手紙には『京都行きの列車に乗り、白い旗が見えたら金を投げろ』。黒沢明監督の映画『天国と地獄』を地でいく現金奪取の方法であった。京都までの間、暗やみに目をこらしたが、白い旗は見えず、犯人は姿を現さなかった」

「七月六日、金曜日。『今夜は骨休めに仲間うちでマージャン台を囲みまっさ』。捜査本部の幹部らは笑いながら帰り支度をした。それは、しかし、報道陣の夜回り取材をかわす口実だった。夜、ひそかに茨木署に集まった。午後九時半、模造紙幣の束を積んだ乗用車が二十㌔離れた名神高速道路の国鉄ハイウェイバス大山崎停留所に止まった。周辺には捜査員が張り付く。約三十分。犯人側から接触の動きはなかった」

この記事を読んだ警察庁の元幹部は、「正直、ドキンとした」と語った。

「裏取引の日時は正確で、現金持参人への犯人の指示もおおむね合っている。ただ、犯人が裏取引を持ちかけたのはグリコじゃなく丸大食品だった。肝心の企業名が間違っていたので、ぜんぜん引きがなくて、他社の後追いもなかった。ひとこと、丸大食品と書いていれば、大きな反響を呼んだ特ダネでしたよ。だけどわがほうとしては、あれだけ保秘を徹底していたのに、なんで、こいつらわかったんだろうと、ギクッとしながらも訝《いぶか》しんだものです」
「江崎勝久」の名前でキツネ目の男が、丸大食品の羽賀《はが》孝《たかし》社長に送り付けた脅迫状にはこう書かれていた。

〈羽賀　え
わしらの　ことは　しっとる　やろな
おまえのとこ　グリコの　さいなんで　えろう　もおけおったな
もうけた分　すこし　わしらえ　まわせ
わしらの　おかげで　もおけたんや
わしらに　金ださんと　きぶん　わるいやろ
つかいふるしの　1万円さつで　5000万
1000万づつ　まとめて　白のバッグに　いれて
日よしだいの　太田の　うちで　まて

うちの　まえに　会社の　運てん手の　のった　白の　カローラ　またせとけ
6月28日もくよう日　ごご8じに　0726　87　1×××　え　TELする
TELとったら　山田です　ゆえ　手紙　あるとこ　おしえたる
TEL　きいたら　すぐ　うごけ
手紙　みたら　すぐ　ゆうとおりに　しろ
太田は　白の　ブレザー　きて　こい
太田には　なんもせえへん
ひとりで　きめられへんかったら　小森や　百済や　高野と　そおだん　せ
ゆうこと　きかへんかったら　グリコと　おなじ　めに　あうで

（略）

ハムでも　ソーセージでも　注しゃき　つこたら　せいさん　いれられる
つかまえとった　ときの　勝久の　こえ　きかしたる
金だす　あいずに　6月26日と27日の
毎日とサンケイの　きんき地域版の　こおこく　だせ
　パートぼしゅう　せんでんはんばい員
　35さいまでの　けんこうな　女せい　じきゅう500円
こおつうひ　全がくしきゅう　丸大食品　人じぶまで

かい人21面相〉（1984年6月21日投函）

キツネ目の男は、生産部門担当の太田康弘《おおたやすひろ》常務の自宅電話番号を記載し、原材料部門の責任者である小森嘉之《こもりよしゆき》取締役と営業本部長の百済徳男《くだらとくお》常務の名前をあげ、社内事情に長けているかのように装っている。しかし、グリコを脅迫したときと同様、「役員四季報」で担当部門を把握したものだった。

脅迫状を受け取った丸大食品は、すぐに高槻署に届けている。府警本部ではなく、本社地域を担当する所轄署に被害届を出したことについて、当時の捜査幹部は苦笑まじりにこう語った。

「丸大は、最初、高槻署の受付に相談に行ってるんですね。すいません、ウチにも脅迫状が来ましたって、高槻署の1階受付で話している。普通、あれだけの大会社なら警察にコネ持ってるはずですから、内緒でご相談がと府警本部を訪ねるものです。これには受付の警官が喜んじゃって、ウチにも事件来ましたでと得意になって上司に報告してるんですよ」

黒澤映画と同じ

キツネ目の男は、それまで執拗にグリコを脅迫してきたことで、菓子メーカーだけでなく食品メーカーも怯え切っていると自信を深めていた。

のちに『週刊読売』と『サンデー毎日』の編集部に送った「手記」で、丸大食品との裏取引について〈けいさつ　しっとるか　わからへん　かった〉〈わしは　5ぶ5ぶ　おもおとった〉と書いている。

警察に届けないでカネを払う可能性を50パーセントと踏んでいたのだ。いささかうぬぼれが過ぎる自信と読みから、裏取引の当日、キツネ目の男は意外なほど大胆な行動に出ていた。

身代金5000万円を持参した丸大食品の社員を捜査員とは思わず、すぐ後ろを付けて歩いていたのである。その不審な動きを大阪府警の6人の捜査員は捕捉し、2時間近く尾行していた。キツネ目の男と、それを追う6人の捜査員たちの間で、どのような出来事があったのか。実際に尾行した捜査員の証言をもとに、まずは忠実に再現しておこう。

かい人21面相が指定した裏取引は6月28日だった。この日、大阪府警は、府警担当の記者たちに察知されないよう、捜査一課の鷹取裕文《たかとりひろふみ》警部に命じ、各社の記者たちとの懇親会をおこなわせている。懇親会に出席した記者によれば、鷹取警部は記者クラブにこう持ちかけてきたという。

「たまには、情報交換を兼ねた呑み会をやろうやないか。酒を持って俺の家へ来い。料理はウチのに作らせるからと誘われた。各社の捜査一課担当の記者は、ほとんど来てましたから、安心してみんなへべれけに酔っていた」

鷹取警部と記者たちが懇親会で盛り上がっていたまさにそのとき、丸大食品の太田常務の家にかい人21面相から電話が入った。午後8時3分だった。受話器の向こうからは、あらかじめ録音してあったテープが再生され、カネの運び先を記した指示文書の置いてある場所を伝える、30代前後のはきはきした女の声が流れてきた。

〈高槻西武デパート（現・高槻阪急デパート）の市バス乗り場の観光案内板の裏〉

太田常務に扮した捜査一課特殊班の捜査員が、国鉄高槻駅北口の観光案内板の裏にあった指示書を入手すると、そこにはこうあった。

〈午後8時19分か8時35分発の京都行き各駅停車に乗れ。途中、白旗が見えた地点で走行中の電車の窓からそのバッグを外に放れ〉

犯人指定の「白のブレザー」を着たこの現金持参人が指示書を小声で読み上げると、その内容は小型無線機を通し現場指揮官だけでなく、現金持参人について動く身辺班や、次の現場に先回りする先行班の捜査員たちの無線機にも届けられた。府警本部の総指揮所を「L1」、現場指揮官を乗せたワンボックスカーを「L2」と称する態勢のもと、現場指揮官はふたつの指示を出している。

ひとつは、午後8時19分ではなく、午後8時35分発の電車に乗れというものだった。高槻駅周辺で待機していた6人の捜査員が、同じ列車に乗れるようにするためである。もうひとつは、列車から「白旗」が見えてもバッグを外に投げるなというものだった。当時の捜査幹部によれば、走行する列車から現金を外に放り投げろと犯人が言ってくるとは、まったく想定していなかった。投げたあとの捕捉体制が取れなかったので、投げないことにしたのである。

元警察庁の幹部もこう言った。

「現金を入れていないんだから、投げてもいいじゃないかという意見もあったが、バッグを犯人に回収されて現金が入ってなかったとなると、裏取引を警察に通報したなと向こうは思う。そうすると出てこなくなる。同時に、丸大食品への嫌がらせをしてくるだろうから、投げるなということになった」

1963年に公開された黒澤明監督の『天国と地獄』には、誘拐犯の一味が沿線から走行中の列車に合図を送り、列車の窓から現金の入ったバッグを外に投げさせるシーンがある。キツネ目の男はこれをそっくりそのまま真似ていたのである。

高槻駅の指示書には、6両編成の列車の〈後ろから2両目〉に乗るようにと書かれていた。しかし現金持参人は前から2両目の車両に乗っている。大阪府警はのちに「とっさに機転をきかし、陽動作戦で犯人の指示に従わなかった」と説明しているが、本当のところは乗り込む車両を間違えていたのである。しかしこれが幸いして、かい人21面相の犯人のひとりを大阪府警の捜査員の目の前に導くことになった。そして描かれたのが、キツネ目の男の似顔絵であった。

特殊班の捜査員として、高槻駅の近くで待機していた岡田和磨は、その日の捜査をこう振り返った。

「太田常務の家に犯人から電話が入ったときには、わしら先行班は高槻駅の近くで待機してた。指示書を置いてある場所は、そこしかないですから。そしたら突然、午後8時35分発の京都行きに乗れと無線が入った。電車に乗れという指示は予想してなかったから、あわてて車を走らせ、駅のロータリーに乗り捨てて列車に飛び乗った。だけど、もうギリギリいっぱいやった。そういう状況ですから、他の捜査員が列車の何両目に乗っているかはわからんかった」

かい人21面相のそれまでの行動パターンから、大阪府警は、次の指示書を置いてある場所へ車で移動するよう指示してくるものと考えていた。その際、先行して現場に向かうのが岡田の任務だった。それだけに「電車に乗れ」という指示には、少なからずまごついた。

「あのときわしは、西淀川署から応援で来ていた徳田みどりとペアを組んでいて、急いで切符を買って飛び乗ったのが、先頭から3両目やった。途中、現金持参人は隣の車両にいると無線でわかったが、わしの位置からだとよく見えんかった。しかし座席を変えることなく、その位置どりでアベックを装って座り続けた。どこに犯人が乗っているかもわからんからね」

岡田は大阪府警を退職後、民間企業に再就職していたが、鍛えぬいた肉体を保持していて、腕は丸太のように太い。眼光は鋭く、低くよく響く声で続けた。

「列車に乗るなり、不審な男が目に入った。帽子を目深にかぶって、無線機をガチャガチャしとったから……。その男がいじっとったのは、誰かが無線を使うと、その周波数をオートスキヤンで拾い出して通話内容が聞けるいうやつやった。それで、最初はこいつをマークしてたんや。ところが列車が神足駅《こうたり》（現・長岡京駅）に着くと、わしの前に座っていた中年の男が降りて、入れ替わるようにして35歳ぐらいの男が列車に乗り込んできた。横柄な態度で、わしの真ん前の座席にボーンと座るや、あたりをキョロキョロやりだした。そこから斜め向かい方向の、隣の車両には現金持参人がいるわけやし、しかも時折その方向をジーッと見ている。当然おかしいとなるわな。それでマークする相手をこいつに切り替えたわけや」

岡田は柔道二段、剣道四段の猛者だが、一方で似顔絵を描くのを特技としていた。岡田の描いた似顔絵で犯人がスピード逮捕されたり、身元不明の遺体の親族が名乗りでたりして事件が解決したことが、たびたびあった。事件解決に貢献したとして、府警刑事部長賞を何度も受けている。

矢崎滋似の男

岡田は、神足駅から乗り込んできたこの男の顔の特徴をつかもうと、相手に気づかれないよう神経を集中させた。

「わしとペアを組んだみどり巡査とは、アベックという設定やから、ちゃらちゃらしながら視界の隅でこの男を捉えていた。ほんの2メートルも離れていない距離で、いつまでもちゃらちゃらできへんし、適当なことを言いながら、一度座席を立って乗降ドアの上にある広告を見る格好をしながら、ドアのガラスに映った男をしばらく観察していたこともあった。沿線には当時、住宅もあんまりなかったからね、列車の外は漆黒の闇。だからドアのガラスが鏡のような役目をしてくれて男の顔はよく見えたよ」

ガラス越しにこの男を観察しながら岡田は、こんなことを考えていた。こいつを、もし制圧せななららんとなると、ちょっと難儀するやろな。単にからだが大きいだけの木偶《でく》の坊じゃない。足腰もしっかりしてる。かなりの強者《つわもの》や。

ところでかい人21面相はなぜ、自らが指定した高槻駅からではなく、途中の神足駅から列車に乗ったのか。この疑問に答えて、6人の捜査員のひとりが解説する。

「おそらく犯人は、午後8時19分発の列車に乗ったはず。ところが車内に現金持参人がいなかったので、神足駅で降りて、次の列車が来るのを待った。現金持参人には、白のブレザーを着て、進行方向の左側に座るよう指示していたから、ホームに列車が入ってきたとき、先頭から2両目に乗っていることに気付いたと思う。それでそのすぐ隣の3両目に乗った」

列車が京都駅に着くと、男は、さらなる異常行動をとった。現金持参人がホームにしばらくたたずんでいたため、この男も、列車から降りたもののホーム上を動こうとはしなかったのだ。岡田もまた、動くことができず、恋人役であった徳田みどりと話し込んでいると、男は突然、岡田のほうに歩み寄り、「ガンを飛ばして」（睨んで）きた。

「ヤツにしてみれば、わしらの存在が鬱陶しかったんやろね。かなり近いところまでやって来て、文句あるんかというような威圧的態度をとった。それでこれ以上、この男の周辺にいたら怪しまれると、引くことにした。すぐに無線でわしらは二番手、三番手に回るからと言って他の捜査員にバトンタッチした。そして相手に気付かれないように、遠くから広角で追うポジションを取ったわけや」

そうこうするうちに現金持参人が、京都駅の烏丸《からすま》中央口に向かって歩き出すと、男もまた後を追って歩きだした。その様子は、まるで時代劇の忍者が尾行しているようだったと岡田は言った。

「現金持参人に気づかれないよう、壁にからだをピタッとすりつけたかと思うと、突然、後ろを振り返り、あたりを警戒するといった具合で、とにかく目立っていた」

6人の捜査員は、この男がかい人21面相の一味に違いないと確信し、徹底的にマークしている。一方の男は、捜査員が適当に入れ替わりながら尾行していることには、まったく気づいていない様子だった。

現金持参人は、改札口から外に出て、切符を買い直して再び、京都駅構内に戻ってきた。その間、男は、構内のキヨスクの前から現金持参人の動きを目で追いつつ、赤い公衆電話でどこかへ電話をかけている。そして現金持参人が、京都発、高槻行きの列車に乗り込むと、この男もまた同じ列車に乗り込んだのである。

京都駅で男を追尾した6人の捜査員も同じ列車に乗って高槻駅に向かっているが、途中、岡田の上司にあたる特殊班の係長が、この男の身柄を押さえようと岡田に持ちかけた。これだけ不審な行動をとっているんだから、単なる職質ではなく警察署に引っ張っていって、そこで事情聴取すべきというのである。

ふたたび岡田の証言。

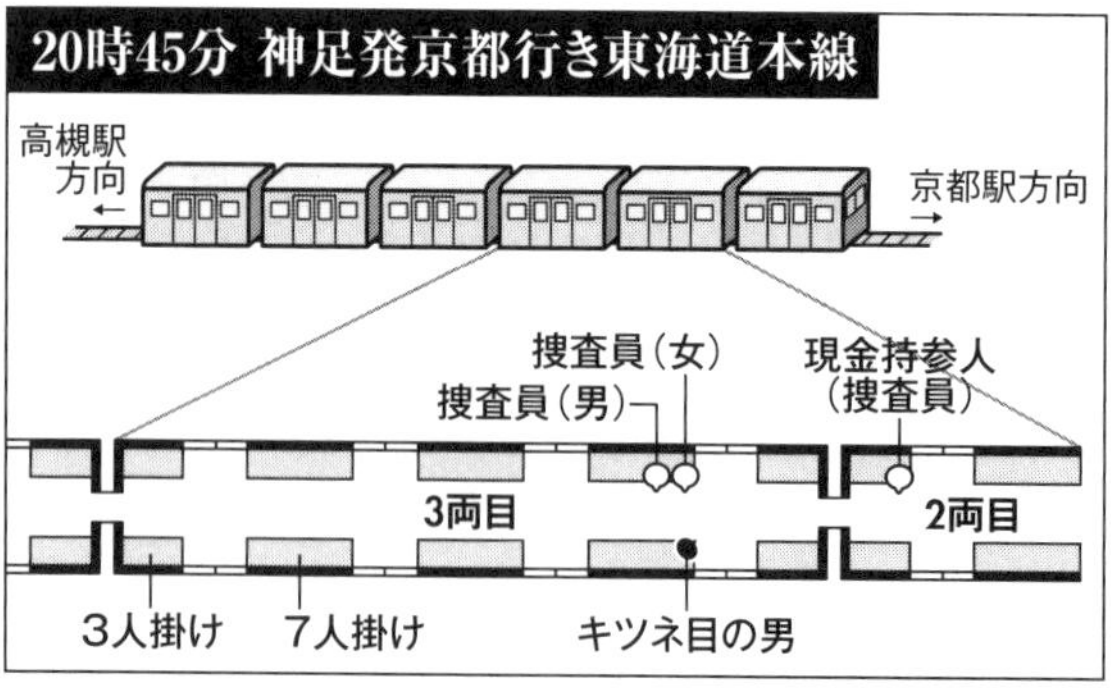

「あの男はキセル乗車やから、それで引っ張れるし、なんやったら肩でもぶつけて喧嘩ふっかけて、相引きでこっちもお縄になってもええから、こいつを引っ張ろうと。確かに、こいつを押さえておけば、周辺の人間関係がわかるわけやから、大きなとっかかりになる。しかしそのとき、わしはこう進言した。この事件は本庁がモニターしているうえ、現場が勝手に動くことは禁止されてることとやから上に聞くべきやと」

この指揮伺いに対する捜査指揮官の回答は、現金に手をかけるまでキャッチするな。「現行犯逮捕方針」を守れというものだった。

大阪府警の特殊班班長として現場指揮にあたっていた鈴木建治はこう言った。

「あの職質は、焼き肉チェーン店『大同門』で元自衛隊員を

『誤認逮捕』したあとなので、慎重に対応すべきという思いがあった。それに捜査員の話を聞いてみると、男はあまりにも目立ちすぎや。犯人ならそんな不細工な尾行はせえへんやろ。そら違うで、この次のために今日はやめとこうと止めた。捜査員の無線からでは府警本部にまで届かないので、『L2』で指揮を執っていた私が止めたんです。ただ、しっかり見といてくれ。どこで降りて、どこに行くか、相手に悟られないよう、無理のない範囲で追尾してくれという指示は出した」

それまで大阪府警をさんざん出し抜いてきたかい人21面相とは似ても似つかぬ間の抜けた行動が、現場指揮官を躊躇させたのである。かりに犯人の一味であっても、ただ電車に乗ってただけやと白を切られれば、それ以上追及しようがない。この男からは本丸にたどり着くことはできない――。

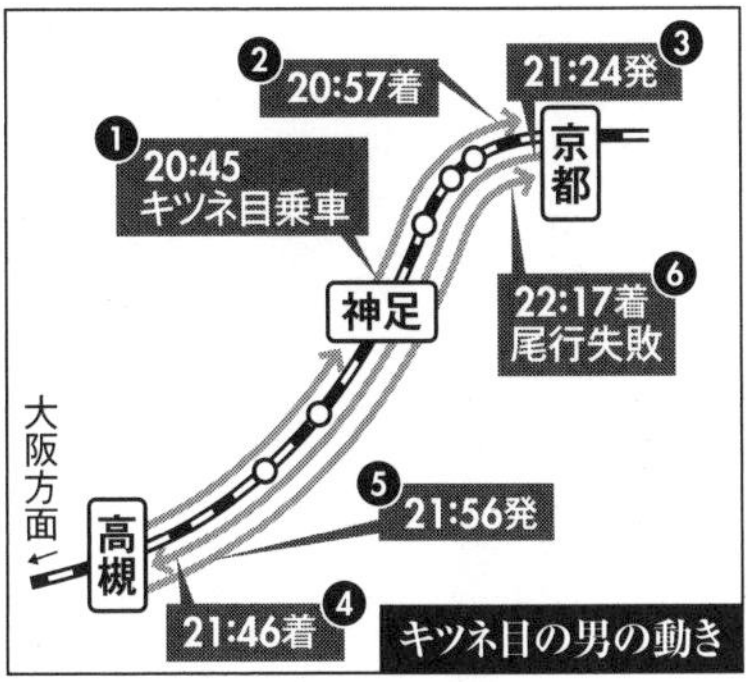

6月28日　神足発京都行き東海道本線

無理をしない追尾ということで、高槻駅に着いたあと、再び京都駅に向かった男を追ったのは6人の捜査員のうち2人だった。あとの4人と現金持参人役の捜査員は、府警本部に戻っている。そして京都駅構内の雑踏のなかで、追尾の捜査員はこの男を見失うことになるのである。

ところで、このとき、犯人の一味は、指示書にあったように沿線から本当に白旗を振ったのか。この疑問に答えて、当時の捜査員のひとりが語った。

「6人の捜査員のうち、外を見ていたのは2人だが、彼らは白旗を見ていない。唯一、白旗を見た気がすると言ったのが現金持参人の捜査員だけだった。そうなると、無理やり否定するわけにもいかんからね。そのうち捜査報告書に白旗があったとか、白旗を振ったとか書かれることになった」

グリコ森永事件の捜査報告書には、ほかにも不確かなところが少なからずある。その理由を警察庁の元幹部はこう解説した。

「もともと警察の捜査報告書って、肝心なところが出ていないものが多いんですよ。あまり本質を書いちゃうと、あとから責任問題が出るので、それを避けるという形態にするんです。それにあの事件が起きるまで、警察庁が現場に口出しするもんじゃないという考えがあって、ある意味、警察庁の責任でもあるんだけど、各府県警本部が作成した報告書を読んで疑問が出ても追及しなかった。調整が難しく、ここは大阪が担当しこれは兵庫がやるんだというふうに指示していない。それをやっていれば、捜査報告書の精度もあがったんでしょうが、そういう検証や手配はしていないんです」

それに、と警察庁の元幹部は言い添えた。

「あの時期、警察庁刑事局の捜査一課は所帯が大きくなりすぎて、刑事捜査の企画立案と純粋捜査をひとつの課で持つには限界に来ていた。それで従来の捜査一課を、刑事企画課と捜査一課にわけている。まさにそのタイミングで起きたのが、グリコ森永事件ですよ。組織編制の端境期だっただけに、警察庁がどこまで踏み込むかというコンセンサスができていなかった。当時は遠慮がちになっていて、捜査というのはやはり現場に任せるんじゃないのという雰囲気の中で、警察庁はまったくと言っていいほど口出ししなかった」

結果、捜査報告書には細かな失敗や欠点を隠した、不確かな記述が少なからず盛り込まれることになったのである。

京都駅の構内で不審な男を追尾した翌日、岡田は、記憶が鮮明なうちにと、大阪府警本部の特殊班の部屋でこの男の似顔絵を描いた。「清酒　白鶴まる」のＣＭに出ていた俳優・矢崎滋《やざきしげる》をきつくした風貌で、メガネの奥に、睨みつけるような鋭い眼光の男の顔を描きあげた。目つきが少しきつい感じがするとの意見も出たが、顔全体の雰囲気は現金持参人役の捜査員を含め全員がよく似ていると同意した。ただひとり、ネクタイが描かれていませんと言ったのが、岡田とペアを組んだ女性警察官、徳田みどりだった。そうして出来あがったのが、あのキツネ目の男の似顔絵である。

のちにかい人21面相は、丸大事件の捜査を揶揄した「手記」をマスコミに送り付け、〈そうゆう　ときは　みどりのよおな　婦けいを　つかわな　あかんのや〉と、大阪府警の内情に通じているかのようにうそぶいた。だが、あの夜、目のまえでこの「みどり」がキツネ目の男を観察していたとは知らなかったはずである。

「手記」に「みどり」の名前を盛り込んだのは、その4日前の読売新聞（大阪版）で、それまで応援で捜査を手伝っていた徳田みどりが、女性初の大阪府警捜査一課特殊班の刑事に抜擢《ばってき》されたとの記事を読んでのことであろう。

キツネ目の男は、新聞で得た各種情報を脅迫状や挑戦状に巧みに取り込みながら、捉えどころのない不気味な存在を自己演出していたのである。

「全国のすいりファンのみなさんえ」

キツネ目の男は、この一度目の裏取引から5日後、早くも二度目の裏取引を命じる脅迫状を丸大食品に送り付けている。

裏取引の仕切り直しを伝える脅迫状には、7月6日金曜に丸大食品の小森嘉之取締役の自宅に電話を入れ、具体的な手順を記した指示書の場所を教えるとあった。しかし同日午後8時7分に犯人からかかってきた電話の声は、異様な唸《うな》り声と響きで、まったく聞き取ることができなかった。

元大阪府警の捜査幹部は、私の取材にこの事実をはじめて明かした。

「彼らは電話で指示を出す場合、事前にテープレコーダーに録音したテープの声を電話口で流すという方法をとっていた。声紋分析で声の特徴を把握されないよう抑揚やアクセントを変えた声を作っていたのです。ただ、このときはそれとも違う。何を言っているのかわからないような話し方だった」

実際にこの電話の声を聴いた捜査一課特殊班のひとりも、「この声によってその日の捜査が大混乱した」と語った。

「最初に電話をとった捜査員は、まったく聞き取れない。意味不明やということやった。それで電話がかかってきた際に録音したテープを何度も巻き戻しながら、小森邸に詰めていた捜査員全員で聞き直したわけや。すると、わずかに『上穂積《かみほづみ》』と『福江』という言葉が拾えた。上穂積といえば茨木インターの近くの地名やし、このインターの手前には、当時、『ニュー福江』というレストランがあった。それで指示書があるとすればその周辺やろとなった」

かい人21面相自身、のちにマスコミに送り付けた「手記」でこの電話の声を、〈ちょっとききにくい　こえやった〉と認めている。

いったい、どう、聞きにくい声だったのか。特殊班の元捜査員によれば、「あれは、言語障害の子供の声をテープに録音したものやった。だから、何を言うてるのかまったくわからん。何べんも何べんも、テープを聞き直して、ここちゃうか、あそこちゃうかと、やみくもに探し回って、やっとのことで指示書を見つけた。わしが犯人やったら、あんな物言いで理解できると思わんよ」。だからこの元捜査員は上司に対し、今日は動かんほうがいいと進言した。しかし指揮本部は、「指示書に従って動け！」と命じたのである。

犯人から電話のあった吹田市の小森取締役の自宅から、「ニュー福江」までは、車でせいぜい10分程度の距離である。しかしテープの聞き取りに手間取り、「ニュー福江」の前の〈春日のバス停横の電話ボックス〉で指示書を発見したときには、すでに1時間近くが経過していた。

発見した指示書には、名神高速道路の〈大山崎のバス停のベンチの裏〉に次の指示書があると書かれてあり、大山崎のバス停にあった指示書には京都方面にひとつ先の〈京都深草のバス停へ向かえ〉とあった。

そして深草のバス停にあった指示書には、高速道路のバス停から一般道へ通じる階段を下りたところの西浦南公園の立ち木に白いタオルをかけてある、その木の下にバッグを置いて帰れと書かれていた。

丸大食品の社員に扮した大阪府警の現金持参人が、指定のタオルの下にバッグを置いたのは、犯人からの電話から約2時間後の午後10時10分ごろだった。電話の内容をスムーズに聞き取れていれば、午後9時前には到着できていた距離である。

西浦南公園の周辺には、4〜5階建ての低層マンションや10〜13階建ての中層マンションが何棟も建っていて、それらマンションの屋上や非常階段からだと、眼下の人の動きは手に取るようによくわかる。また、公園東の道路（師団街道《しだんかいどう》）を北のほうに50メートルほど行くとダイエー藤森店（現在は分譲マンション）があり、この駐車場付近からも現場を見通せる。

危ない橋は決して他人まかせにせず、自ら裏取引の現場に出かけて行き、警察が捜査しているかどうかを判断してきたキツネ目の男は、このときも西浦南公園を見渡せるどこかから、現金持参人が白いタオルに到達する様子を観察していたはずである。

この年の年末、〈全国の　すいりファンの　みなさん　え　ごあいさつ〉と題した挑戦状を毎日新聞と読売新聞に送り付け、大阪府警のこの日の捜査を揶揄嘲笑した。

〈けいさつ　1じかんも　おくれて　きおった
バスてい　ちかくの　道ろの　まん中で　ちづ　ひらいて
相だんしとる　特しゅ班の　あほも　おった
わしら　ないたで〉（1984年12月26日午後、名古屋市中区内から投函）

この挑戦状を読んだ特殊班の鈴木建治《すずきけんじ》班長は、当日、西浦南公園に向かった捜査員を集め、地図を開いて相談した事実はあるのかと問うている。しかし誰ひとり、発言する者はなく、皆、黙ってうつむいていたという。

裏取引はあったのか

丸大食品が、かい人21面相の新たな標的になったことを最初に報じたのは、約3ヵ月前、警察庁の当時の幹部を「ドキン」とさせた朝日新聞であった。

朝日は11月9日付朝刊で、丸大食品の社名こそ出していないが、「ハム会社も脅す」との記事を掲載。丸大食品が、かい人21面相の新たな標的となったことをスクープした。

「関西に本拠地をもつ大手ハム会社を脅し、数千万円を要求していたことが八日、明らかになった。このハム会社に脅迫状が届いたのは、六月下旬。犯人側が『もうあきた　ゆるしたる』と書いた休戦状を報道機関に送りつけたのと相前後する時期にあたり、この休戦状は捜査の目をくらますものだったことがはっきりした。大阪府警は受け渡し指定日の六月二十八日、七月六日の両日、極秘に捜査網を敷いたが、犯人側は姿を現さず、九月に入って第三の標的として森永製菓を選んでいた」

朝日の記事が出た4日後、キツネ目の男は、『週刊読売』が2週間前の誌面で投げかけていた質問に答える格好で、自ら丸大食品を標的とした事実を認めている。

〈週かんよみうり　へんしゅうぶ　が　わしらに
おしえてくれ　ゆっとるけど
わしら　けいさつより　くち　かたいんや
せっかく　やから　2つだけ　おしえたる
7月に　タカツキの　会社と　とりひき　した

ＣＭであるやろ
わるでも　ええ　かい人21面相の　ように　なって　くれたら
あの　会社や
けいさつえ　しらせおって　まだ　金だしおらへん
1億の　かしや〉（1984年11月13日18時〜24時、東京下谷郵便局管内から投函）

ここで言っている〈とりひき〉とは、警察が捜査網を敷いていた西浦南公園での裏取引のことである。しかしこのあと、丸大食品への脅迫状は出されていない。少なくとも警察は、丸大食品への新たな脅迫状を把握していない。

そしてこの約1ヵ月後、12月15日にマスコミに宛てた挑戦状で、キツネ目の男は、〈12月9日　よる　わしら　兵ご県の　あるところで　ある会社から　1億　とったで〉と書いている。このことから、ひとつの疑念を抱いた警察庁の元幹部は少なくない。

「丸大食品には、裏取引を二度持ちかけただけで、グリコのときのようにしつこく脅迫することなく、あっさり引いている。それまでの犯行パターンから言って、おかしな動きなんですね。だから、丸大は、犯人からの脅迫状を警察に届けることなく、裏取引をしていたのではないか。そんな疑念を持ったものです」

疑念が生まれた背景には、当の警察が、誰よりも手に負えない犯人像をイメージし、その影に振り回されていたことがあった。

グリコ森永事件を担当した元一課長のひとりも、こう言った。

「われわれがそれまで相手にしとった粗暴犯には及びもつかん、計画性と知恵のある連中やった。だから、現金を取りに来た者だけを捕まえるという大方針ができた。周辺をウロウロしている者を引っ張っても、結局、警察が捜査しているのがバレるだけで、うまいことといかん。肝心の主犯を捕まえられんかったら、被害企業への報復がものすごいことになるのは、目に見えている。それに」と、一呼吸おいてから語を継いだ。

「現場捜査で失敗すると、警察庁から大阪府警に来ている本部長や刑事部長にキズをつけてしまう。自分たちの責任だけですまんから、この事件、勝負をかけられへん苦しさがあった。選択肢は現行犯逮捕だけやった」

官僚機構の弊害が生み出した捜査方針は、信じられないことだが、捜査の基本である証拠の収集と現場検証を犠牲にするという事態も生み出していたのである。

丸大食品の捜査で言えば、西浦南公園の現場検証はおこなわれていない。犯人の残した白いタオルも、すぐには証拠品として回収しなかった。タオルがなくなれば、警察が動いていることがバレるという理由からだった。

当時の複数の捜査員の証言を総合すると、この白いタオルを回収したのは、約10日後のことである。その間、一日数回、捜査一課特殊班の単車部隊が西浦南公園の周囲を回り、タオルの状況をチェックしていたという。

タオルは愛媛県の今治産だったが、今治産のタオルは国内シェアの6割を占めていることもあり、このタオルからは何もわからなかった。

「しかしそれ以前に、現場に何日もタオルを放置していて、何のメリットがあるのか疑問」と語るのは、府警の元鑑識課幹部である。

「現場検証をきちんとしたうえで、風雨にさらされる前に回収し、鑑定に出さなければ、そもその証拠能力が失われることになる。捜査というのは、現場対応と裏付け捜査の二本立てでやるもの。それができていないということは、捜査のボタンをかけ違えたのではなく、ふたつかけないといけないボタンを、最初からひとつしかかけていなかったということだ。これでは、かりに犯人を逮捕しても起訴できたかどうか疑わしい」

ボタンのかけ忘れは、現場の捜査員の意識から、捜査の基本である「証拠収集の重要さ」を失念させることになった。キツネ目の男を京都駅で追尾した際、途中で行方を見失っただけでなく、致命的なミスを犯していたのだ。

キツネ目の男は、このとき、丸大食品の太田常務に扮した捜査員が、京都駅の改札を出て再び駅構内に入ってくるのを目で追いながら、改札口近くのキヨスクの赤電話からどこかへ電話をかけていた。しかしその赤電話の発信記録を押さえていなかったのだ。

キツネ目の男を追尾した、捜査一課特殊班の元捜査員のひとりは言う。

「赤電話には指紋が残されているので鑑識を入れようとしたけどやめたのは、上からの指示やった。それはええにしても、公衆電話での発信履歴が残ってるなんて、そのときは知らんかった。半年ほどしてそれを知ったもんやから、あわてて電電公社（現・ＮＴＴ）に取りにいったら、ちょうど消されたあとで地団太踏んだものや。あの発信記録があれば、犯人の一味に確実にたどりつけたはずやから」

この失態は、グリコ森永事件の捜査における些細とは言えないミスや欠点のすべてを、暗示的な形で示していた。

次がある、無理はするなという捜査方針は、犯人逮捕の絶好の機会を逃しただけでなく、犯人が現場に残した足跡からその身辺に迫るという捜査の基本をないがしろにさせてきた。そのミスの重なりが、犯人を勢いづかせていたのである。

4——天国から地獄——森永製菓の闘い

森永に届いた脅迫状

かい人21面相からの脅迫状が森永製菓に届いたのは、「江崎社長拉致事件」から半年後の1984年9月12日だった。森永製菓の関西販売本部（大阪市北区西天満）の郵便箱に直接投げ込まれていた大判の封筒には稲生平八《いのおへいはち》会長宛ての脅迫状と、青酸ソーダを混入させた「森永ミルクキャラメル」「森永パックンチョ」などのほか、青酸ソーダの固形錠剤と一本のカセットテープが入っていた。模倣犯でない真犯人の証明として、江崎社長の肉声が録音されたカセットテープである。

〈わしの　なまえは　しっとるやろうな
この夏は　あつかったな　けいさつの　あほどもが　うるそおて
ヨオロッパえ　いけへんかった　あきには　いくつもりや
グリコは　あほなことして　３００億　そんしおったけど
6億で　話　ついた　おまえのとこは　グリコの　そんで　もおけて
わるい　おもっとるやろ　もおけた　なかから　1億円　だせ
わしらの　ゆうこと　きかへんかったら
青さんソーダいりの　かし　10しゅるい　50こ　を　ばらまいたる

どくいりの　かし　なんぼでも　つくれる
いっしょに　いれた　キャラメルのうち　2つぶに　0・2グラム
ハテナッツに　1グラム　ふりかけてある
パックンチョ　には　水に　とかして　0・6グラム　いれてある
ペットに　やってみ　すぐしぬで
青さんソーダの　かたまりも　プレゼント　したる
まだ　ぎょうさん　あるで
勝久の　テープ　いれておく
おまえらも　こおなりとう　ないやろ
けいさつえ　れんらく　したら　すぐ　わかるで
けいさつに　なかま　おるんや
けいさつえ　しらせたら　おまえの　会社　つぶしたる
会長　社長は　さろてきて
生きたまま　えんさんの　ふろに　つけて　殺したる
わしら　てっぽうも　マイトも　どくも　ある

（略）

9月18日火よう日に　金　もらう

つかいふるしの　1万円さつ　500万づつ　たばにして
白い　ビニールバッグ2こに　5000万づつ　いれて
会社の　車の　トランクにいれて　まて
（略）
おまえらの　せいで　とりひき　でけへんときは　2億に　する
わしらの　つごうで　でけへん　ときは　また　れんらく　する
けいさつえ　れんらく　すれば　とりひき　やめや
会社　つぶしたる
TELの　声は　変やけど　ききとるんやで
（以下略）
かい人21面相〉

〈6億で　話　ついた〉というのは嘘で、警察に届けても、結局はグリコのようにカネを払うことになると思わせようとしたのである。

関西販売本部長の川井次郎《かわいじろう》は、すぐさま港区芝にある東京本社の営業担当専務・浅井彰《あさいあきら》に連絡し、浅井は副社長だった高木貞男《たかぎさだお》の執務室に駆け込んだ。

「副社長、来ましたよ……」

息せき切って報告する浅井を前に、高木は「やっぱり来たか。わかった」と答えている。私が取材で訪ねた当時89歳の高木は、自宅のリビングでこの日の出来事を感慨深げに振り返った。

「僕は浅井君に、すぐ社長と相談して追って連絡するからと席を立ちましてね。暗澹《あんたん》とした気分で社長室に行って『来ちゃったよ』と、社長だった松崎《まつざき》（昭雄《あきお》）さんに伝えた。そしてふたりきりで30分ほど協議し、三つのことを決めたんです」

このとき決めた方針は実にシンプルで、森永の企業理念の本質に関わるものだった。

ひとつは警察に届けるということ。犯人逮捕以外にこの事件の解決はないというのが、ふたりの結論だった。次に、食べものだけに事故が起きたら大変だ、安全第一にしようというのが二つ目。だけど、状況が長引けば会社は潰れちゃうぞ、ということで会社は自分たちで守る。極端に言えば、賃金が払えない事態になっても人員整理はしないでがんばろうと、その3点を確認したあと、高木は専務の浅井を呼び、脅迫状はすぐ警察に届けるようにと指示している。

「怪人二十面相」のスポンサー

この年度、森永製菓の業績は過去最高収益を出していた。かい人21面相が予告通り、青酸ソーダを混入した森永製品を市場にばら撒けば、その利益がすべて吹き飛んでしまう。それでも迷うことなく肚を決めたと高木は言った。

「厳しい事態が予測される方針を30分で決められたところに、実はウチの問題があったわけです。これは会社の恥でもあるんですが、この5年前に経営の不手際で会社が沈没しそうになったんですよ。当時、僕は取締役人事部長で、松崎さんは取締役経理部長でした。その僕らが、このままいったら会社はつぶれてしまうぞ、と経営改善計画を作成し、中心になって推し進めた。社員に対しても組合に対しても、今後は正しい経営をおこなうことを大前提として協力を求め、経営の立て直しをやったんです。えらい苦労しましたけどね。あの経験があったから、この事件にも耐えられたし、犯人逮捕以外に事件の解決はないという方針を決められた」

経営の不手際とは、粉飾決算だった。

創業者の森永太一郎《もりながたいちろう》を父に持つ三代目社長の森永太平《たへい》は、何事にも鷹揚《おうよう》な態度で経営にはほとんどノータッチだった。実権を握っていたのは技術系副社長の松崎保《たもつ》で、この人は、製品開発や市場選定に必要なマーケティング手法を理解せず、自分勝手な意見を押し通しては販売政策に失敗し、在庫の山を生み出していた。挙げ句、数字合わせの粉飾でその負債をごまかしていたのである。

高木と松崎は、いまの社長と副社長じゃ、会社はダメになる。このふたりがトップにいる限りまっとうな経営はできない。かといって、自分たちが音頭を取っても人はついて来ない。呻吟《しんぎん》したすえ、皆が納得するOBをトップに据えるべく、森永にとっての大功労者で、うっかり口など利けない大先輩に直談判にいったのである。経営データを整理し、原因分析をまとめたうえで辞表を胸に乗り込んでいったところ、彼らの話をじっと聞いていた森永乳業の相談役だった人物はこう言った。

「わかった。じゃあ、稲生君を返すよ」

森永製菓の副社長から森永乳業社長に転じていた稲生平八は、各業界の有力広告主で作る「日本アドバタイザーズ協会」の初代理事長や、菓子商品の安全性、適正表示などを協議する「日本菓子BB（ベタービジネス）協会」の初代会長を務めるなど、森永製菓の顔となれる人だった。

高木と松崎は、稲生を四代目社長に担ぐにあたり、森永太平社長と松崎保副社長のふたりに引いてもらうとともに、副社長派の役員10人前後を対外的には目立たないよう子会社に出すなど、段階を踏みながら退社させていった。

同時に、約5000人いた従業員を約3500人に削減し、工場閉鎖や生産体制の集約化などリストラを断行。改革に着手した初年度こそ、経常利益で約50億円の赤字を出したが、翌年以降、徐々に業績を回復させ、4年後の1984年3月期決算では過去最高益の1220億円の売上高を記録した。経常利益も約45億円の黒字としていた。

これから大きく業績を伸ばしていける。そう意気込んでいた矢先、かい人21面相からの脅迫状が届いたのだ。

高木の回想が続く。

「一瞬にして、天国から地獄ですよ。犯人が〈森永ゆるしたろ〉と、犯行の終結宣言を出すまでの165日間は、夜もろくろく眠れなかった。1億円を払えばそれで終わりだと、随分言われましたが、正しい経営をするか間違えるかは、トップ次第です。あとに続く役員はトップに付き従うだけですから。だから松崎さんと決めた三原則は初志貫徹で、いっさい曲げなかった。犯人の要求に屈することなく、市場から締め出されても安全第一で、社員総出で商品を売り歩く。そしてどんなに苦しくても人員整理はしないというメッセージを社内に流し、組合からも賛成してもらっていた」

一気にこう語ると、高木は、自身が事件の担当責任者となっためぐり合わせの妙について感慨深げに述べた。

「犯人は知らないと思うんですけどね。昭和33年から、毎週、日曜日の午後7時半から日本テレビで放送されていた『怪人二十面相』は、ウチが番組スポンサーだったんですよ。あの当時は、まだ録画がなくてすべて生放送でしたから、広告担当だった僕は、日曜日になると日テレの浜町スタジオに詰めていた。CMもナマだから、タレントを連れていって番組の合間にナマのCMを流して放送が終わると、いやー終わったと言って、怪人二十面相役の原田甲子郎《はらだこうしろう》君やスタッフたちと銀座で一杯やって帰るという毎週だった。その僕が、四半世紀を経てかい人21面相の担当になったのは、不思議な偶然だと思いましたね」

すべての紙幣の表裏を撮影

脅迫状が届いた森永製菓の関西販売本部から所轄の天満署へは、徒歩で10分ほどの距離である。しかし川井本部長は、1時間近く大阪市内をあちこち歩き回り、犯人に尾行されていないことを確認したのち天満署に被害届を提出した。このとき、大阪府警の要請で3日後の9月15日の午後、大阪市北区中之島のロイヤルホテル（現・リーガロイヤルホテル）で平野雄幸捜査一課長と高木副社長との極秘の会談がおこなわれることになった。

極秘会談まで実質2日しかなかったが、森永側は犯人の脅迫状にあったつかいふるしの札で1億円を用意した。総務担当常務の東《ひがし》修次《しゅうじ》が、森永のメインバンクのひとつ、第一勧業銀行から調達したものだった。東は、もともと同行の出身者で森永に転籍していたため、元の職場に出向き、絶対漏れない方法で用意してくれと依頼したのである。

千葉ニュータウンの自宅で、東は訥々《とつとつ》と語った。

「私が銀行の本店で、然るべき役員さんにお目にかかり、実はということで協力を取り付けたのち、芝支店の支店長さんにも事情説明をした。絶対、対外秘でお願いしたいと。ですから、わけなく準備することができました」

ただ、銀行側に迷惑をかけることのないよう、1億円の調達方法についてマスコミから聞かれたときは、急遽、土地を買うと偽って銀行から引き出したとか、つかいふるしの札で集めるのは苦労したと説明することで、森永側の意思統一がはかられた。

1億円を大阪まで運んだのは高木と当時の総務部長、そして秘書室長の3人だった。高木は、夫人にも大阪出張の本当の目的を伝えていない。「大阪にすごくうるさい得意先があって、ちょっとしたトラブルが起こった。だから15日は大阪に行かなければならない」と偽って家を出たのである。

羽田空港の手荷物検査で、バッグを開けるよう言われたときは、さすがにドキッとしたと高木は言った。

「バッグを開けろというから開けたの。カネは風呂敷に包んであったわけですよ。で、バッグを傾けて中の風呂敷包みを見せたら、オーケーと通してくれた。あのとき、風呂敷の中まで見せろと言われれば面倒なことになったと思いますよ」

伊丹空港に着いた高木は、総務部長や秘書室長とわかれ、ひとり車に乗り込んだ。「3人で動くと目立つから、ふたりは付いてきちゃいかん。私がちゃんと持っていくから」と、5000万円ずつ詰め込んだふたつのバッグを携えホテルに向かったのである。

森永製菓が予約したホテルの部屋には、すでに関西販売本部長の川井が待機していて、高木を迎えた。大阪府警捜査一課の平野課長と同課特殊班の鈴木建治班長は、府警担当の新聞記者や放送記者にマークされないよう別々に行動し、適当に時間をみはからってばらばらにホテルの部屋に入っている。

4人揃ったところで協議がはじまったものの、高木にとって意外だったのは大阪府警が本物の現金を使うことに反対したことだった。

「彼らは、ニセ札でいいっていう。本物を使うバカ、いないってわけですよ。しかし私はダメだと頑張った。もし、本当に犯人がカネを奪って、それがニセ札だったらえらいことになる。それよりも本物を渡して、それを使えば足がつくということもありうるんだから、断固、本物でやってくれと主張したわけです。そしたら一課長の平野さんが、そんなに言うなら部長と話して下さいって、鈴木邦芳刑事部長に電話をした。電話口に出た鈴木さんに、こう言ったもんです。平野さんはああ言ってるけれどね、私どもとしては絶対、本物を使ってもらいたい。そしたら、まあ、あんたがそう言うならいいよって、そこではじめて現金を渡すことができた」

捜査マニュアルによれば、この後、大阪府警は1億円の現金の紙幣ナンバーをすべて控えたうえで、紙幣の表と裏を一枚一枚写真撮影していたことになる。

ポリ容器の上の指示書

かい人21面相が、カネの受取日として指定した9月18日は、朝からあわただしかった。

森永製菓では、この日、本社7階の役員応接室に「対策本部」を立ち上げている。メンバーは松崎社長、高木副社長のほか、管理部門担当の篠原弘次郎《しのはらこうじろう》専務、生産関係担当の川村邦彦《かわむらくにひこ》専務、営業担当の浅井彰専務の5名としたうえで、警察との連絡役を担っていた総務担当の東常務もオブザーバー参加させることとした。

対策本部をスタートさせるにあたり、森永製菓と関係の深かった電通PRセンター（現・電通パブリックリレーションズ）の田中正博《たなかまさひろ》部長にアドバイザー役を依頼したところ、在京新聞各社にも挨拶しておこうとなった。急遽、高木は朝日、毎日、読売、サンケイ、日経、東京の各社会部長への挨拶まわりに出向いている。

「実は、グリコ事件の犯人かどうかよくわからないが、脅迫状が来た。これからいろいろお世話になります。よろしく」と言って、各社への挨拶を駆け足でこなし、夕方対策本部に入ったところ、すでに数名の役員と警察庁刑事局捜査一課から派遣されてきたふたりの理事官が詰めていた。

対策本部で、犯人が連絡すると予告していた午後8時30分をじりじりする思いで待っていると、午後8時36分、大阪府警から電話が入った。いまさっき、犯人から関西販売本部に電話があり、あらかじめ犯人指定のファミリーレストラン「ＵＳＡ」で待機させていた車を、次の指示書のある場所へ移動させたと伝えてきた。このレストランは、大阪市の東隣、門真市の松下電器本社工場近くにあり、電話で指示された移動先は、そこから車で10分ほどの守口市民会館の前の陸橋の下だった。このとき、電話から流れてきたのは、カセットテープに録音された10歳前後の小学生と思われる男児の声で、次の文面を5回繰り返している。

〈レストランから1号線を南へ１５００メートル行ったところにある、守口市民会館の前の、

京阪本通り2丁目の陸橋の階段の下の空き缶の中〉

向かった陸橋の下にあった空き缶の中のさらなる指示書には、こうあった。京阪本線守口市駅前の「ビューティーサロン・オガワ」の前のマンホールの上に置かれた、ブルーのポリ容器の中を見ろ。

守口市民会館から守口市駅前までは、車で5分とかからない距離である。しかし捜査員が、ポリ容器の前に到着したのは約50分後の午後9時39分だった。捜査本部は、駅前での捜査態勢を固めるため、森永の社員に扮した捜査員に、すぐには向かわず時間稼ぎするよう指示していたのだ。

ポリ容器の中に置かれていた指示書には、「この箱の中にバッグを入れて、すぐ帰れ」とあった。

現金持参人の捜査員は指示通り、5000万円を詰め込んだ2個のバッグをこのポリ容器に入れようとしたが、バッグはひとつしか入らなかった。容器が小さすぎたのだ。捜査本部もこの事態に少なからず焦ったが、かまわないから、ひとつだけ入れて現場を離れろと無線で命じている。そして周囲に配置された覆面捜査員が監視態勢を敷いた。

大阪府警から入る捜査の状況を、高木は、自宅で待機していた社長の松崎に逐一伝えては対応策を協議した。今日は徹夜だぞとの思いで次なる動きを待っていたところ、バッグを置いてから15分ほどした午後10時前、「何も変化がないので、バッグを回収した」と連絡が入った。

「なんだって！」高木は、思わず叫んでいた。

さらに1時間後の午後11時15分頃、本日の捜査はこれで終了するとの連絡が入った。「失敗したな」との思いとともに、これから大変なことになるぞと、高木は覚悟を決めた。

翌日の深夜零時近くに自宅に電話があり、受話器を取ると「大阪毎日新聞の経済部です」と名乗る記者から「かい人21面相から脅迫状がきたでしょう」と早くも問われている。大阪府警から情報が漏れているなと思いながらも、懸命にとぼけてみせた。

「なんですか、それ。もし、そういうものが来たら、まず私のところに報告がある。そんな報告がないんだから、脅迫状など来ていませんよ」

しかし明けて9月20日の午前11時半頃、毎日新聞の夕刊ゲラ刷りが電通から送られてくると、「森永製菓に『数億円出せ』」「『グリコ』と同一犯」の見出しが一面トップを飾っていた。そして正午を回ったころには、20社以上の記者が詰めかけて来たため、高木は記者会見を開き、かい人21面相から脅迫状が来たことを認めた。

会見で高木は、気持ちを鼓舞《こぶ》しながら、かい人21面相の要求をこう斬り捨てた。

「この犯罪は、国民全体を人質にとったような社会的に大変、凶悪な犯罪です。これを解決するためには、犯人逮捕以外にない。要求はきっぱり拒否する」

以来、本社4階の会議室をマスコミの記者室として提供したうえ、各種飲料が無料で飲める自動販売機を置き、午前10時と午後4時の2回、何があろうとなかろうと記者たちと懇談した。夜討ち取材も断ることはなかった。

「僕の帰宅時間は夜の8時か9時ごろなんですが、いつも家の前に黒塗り（のハイヤー）が停まっていて、玄関先に4〜5人の記者が立っている。こっちは疲れてるんだけど、追い返すわけにはいかないので、どうぞと家に上がってもらい雑談につきあうのですが、11時になると締め切りがあるからといって一斉に引き揚げていく。そんな毎日が続いたものです」

かい人21面相のリーダーであるキツネ目の男は、異常なまでに自己顕示欲が強い。このときもまた、その習性がいかんなく発揮されている。

「森永の　どあほが」

森永製菓への脅迫状を毎日新聞がスクープした4日後、キツネ目の男は朝日、毎日、読売、サンケイの各新聞社に挑戦状を送り付け、森永を脅迫していることを認めた。犯人しか知り得ない「秘密の暴露」をおこなったうえで、警察を愚弄し、要求に応じない森永へのお門違いの怒りをあらわにしている。

〈ひつこい　おまわりさん　たち　え
このなつは　えろう　あつかったな
おまえらの　せいで　わしら　ヨオロッパえ　いけへんかった

いつか　かならず　いったるで
なんども　顔　あわせとるのに
なんで　わしらを　つかまえて　くれへんねん

（略）

あほは　なんぼ　がんばっても　あほや
このまえの　森永の　ＴＥＬ　あれ　なんや
サラリーマンは　ＴＥＬで　りょおかい　なんて　いわへんで
レストランから　守口まで　２きろも　あらへんのに
なんで　１じかんも　かかるんや

（略）

森永の　どあほが　わしらに　さからいおったから
１億やったら　たらんのや
あんな　どじばかり　しとったら
小がくせいでも　あいて　して　くれへんように　なるで
こくみんの　ぜい金　むだづかい　せえへんよおに
もっと　べんきょう　せえや

かい人21面相〉（１９８４年９月23日12時～18時・京都東山郵便局管内から投函）

犯人が1億円を置くように指定した「ビューティーサロン・オガワ」の前のマンホールは、京阪守口市駅東口を出てすぐのところにあり、ホーム上からも見通せる位置にあった。犯人らは駅周辺のどこかから警察の動きを観察していたからこそ、レストラン「USA」から「ビューティーサロン・オガワ」の前に到着するまでの時間を正確に言い当てることができたのである。

それまでの犯行パターンでは、裏取引に応じず警察に届けた場合、キツネ目の男は、マスコミへの挑戦状で、グリコのお菓子や丸大食品の製品に青酸ソーダを混入すると予告し、それを報道させることで、市場から商品を締め出してきた。裏取引に応じ、カネを払ったほうが安上がりと思わせようとしてのことだ。

ところが、森永製菓の場合は様相が違っていた。

これまでのような脅し文句ではなく、いきなり森永製品に青酸ソーダを混入させ、スーパーやコンビニに置いて回ったのである。しかも現金の要求は初回だけで、その後いっさいおこなっていない。高木の記者会見から、森永をいくらゆすってもカネは取れないと判断したのだろう。カネは取れないにしろ、森永を血祭りにあげることで、逆らえばどうなるか他の菓子メーカーや食品メーカーへの見せしめにしようとしたのだ。

かい人21面相のリーダーだったキツネ目の男にとっては、犯行をおこなう面白さが、企業からカネを取るのと同様に重要であった。要求を撥《は》ねつけた森永をそのままにしていたのでは、示しがつかなくなる。単に、ひとつのゲームを落とすだけでなく、すべてにおいて敗北しかねないと考えたのだろう。何としても、森永を屈服させ、菓子業界全体を震え上がらせなければならない。かくして、冷酷、無慈悲、良心の欠如、罪悪感の希薄さといった人格そのまま、青酸ソーダ入り森永製品をばら撒いていったのである。ただ、無差別殺人を引き起こすほど無分別ではなく、〈どくいり　きけん〉と書いた警告シールを貼り、間違っても消費者が手に取ることのないよう手は打っていた。

〈どくいり　きけん〉シール

高木の記者会見から約2週間後の10月7日日曜日、秋の行楽シーズンのこの日の午前中、かい人21面相はファミリーマート甲子園口店に〈どくいり　きけん　たべたら　死ぬで〉と書いた「森永缶入りドロップ」を置いている。この店は、半年前、江崎社長が拉致された自宅から50メートルと離れていない。江崎邸の目と鼻の先にある店に置くことで、マスコミに派手に取りあげさせ、脅迫効果を高めようとしたのである。警告シールの貼られた缶入りドロップは、同店の店長によって午前11時45分ごろ発見され、警察に届けられた。

その後、次々と同じ警告シールが貼られた森永製品が他のスーパーやコンビニなどから発見されている。かい人21面相のメンバーは、ファミリーマート甲子園口店を起点に、兵庫、大阪、京都、愛知のスーパーやコンビニなどに置いて回っていたのである。

兵庫県警捜査一課が、近畿管区警察局保安部長への説明資料として作成した「警察庁指定第114号事件捜査状況」には、その主要な現場の地図が記載されている。「取扱注意」と銘打たれた資料と、当時の複数の捜査員の証言を総合すると、キツネ目の男ともうひとりのメンバーは車を使い、次の順路で動いていたことがわかる。

ファミリーマート甲子園口店に置いたあと、兵庫県道13号線（主要地方道尼崎・池田線）沿いに面したローソン久代《くしろ》店に青酸ソーダ入りの「森永ハイチュウソフトキャンディ」を置き、その先の阪急宝塚線川西能勢口《かわにしのせぐち》駅に近接する関西西友・川西店に青酸ソーダ入りの「森永ミルクキャラメル」を置いた。

さらに兵庫県内を北上し、関西西友・多田店に青酸ソーダ入りの「森永もなかチョコバイオマン」を置くと、大阪方面に向かい箕面《みのお》市のダイエー箕面店に青酸ソーダ入り「森永ミルクキャラメル」を、豊中市の大丸ピーコック千里中央店に「森永モナカチョコ」を置いた。

そして茨木インターチェンジに近い関西スーパー三島丘店と、その先の高槻駅前の関西スーパー高槻店に、それぞれ青酸ソーダ入りの「森永チョコボール」と「森永ハイチュウソフトキャンディ」を置くと、京都に足を延ばし京都市を東西に横断する国道9号線の西の端、桂警察署（現・西京警察署）隣の関西西友・桂店に、青酸ソーダ入り「森永チョコボール」を置いてこの日の犯行を終えた。

またキツネ目の男は、足取りを把握しにくくするため別のメンバーに指示し、名古屋の丸栄百貨店や名古屋三越栄店に青酸ソーダ入り森永製品を置いて回らせてもいた。

彼らが置いて回った青酸ソーダ入りの森永製品は、〈どくいり　きけん〉の警告シールが貼ってあり、その日のうちにほとんどが回収されている。これら菓子類を警察で鑑定したところ、一部から致死量を超える青酸ソーダが検出されたため、翌8日の朝刊各紙はこのショッキングなニュースで埋め尽くされた。

世の中が騒然となるなか、この日の午前中には、人々の不安をもっと煽《あお》るため、もっと大きな問題を起こすと予告する新たな挑戦状を報道機関に送り付けた。

〈全国の　おかあちゃん　え
しょくよくの　秋や
かしが　うまいで
かしやったら　なんとゆうても　森永やで
わしらが　とくべつに　あじ　つけたった
青さんソーダの　あじついて　すこし　からくちや
むしばに　ならへんよって　お子たちえ　こおたりや
からくちの　かし　どくいりと　かいた　紙　はっている

はかた　から　東京までの　店に　20こ　おいてある
青さん0・2グラムと　0・5グラムの　2しゅるい　ある
10日したら　どくいり　かいとらんのを　30こ　全国の　店に　おく
そのあとも　ぎょうさん　よおい　してるで
たのしみに　まっとれや
〈以下略〉〉（1984年10月7日12時～18時・尼崎郵便局管内から投函）

この挑戦状は、封筒の消印から青酸ソーダ入り森永製品をスーパーなどに置いて回っていた途中、兵庫県尼崎市内の郵便ポストから投函されたものであることがわかっている。いかに騒ぎを大きくするかを、キツネ目の男は計算していたのである。

朝刊に続き、夕刊でもかい人21面相の犯行が取り上げられ、そこへ持って来て名古屋のユニー中村店や大阪の関西スーパー三島丘店で、前日には発見されなかった青酸ソーダ入り森永製品が見つかると、日本中が一種のパニック状態となった。ただでさえ姿の見えない不気味な存在だけに、いっそうの恐怖心をかきたてられたのである。

警察組織トップを挑発

それにしても、キツネ目の男の執念深さは異常の一語に尽きる。報道機関だけでなく、大手スーパーやコンビニチェーンの社長宛てにも脅迫状を出していて、森永製品を扱えばその店の他の商品に青酸ソーダを混入すると脅した。食品の流通ルートから森永製品を完全に締め出し、徹底して痛めつけようとしたのである。

〈社長　え
まえに　れんらく　しておいた　会社も　あるやろが
わしら　なにか　用あるときは　勝久の　テープ　おくる
テープと　9ポイント　タイプが　わしらの　しょうこや
森永の　どあほどもは
テープと　青さんソーダの　かたまりと　青さんいりの　かし
おくったのに　信じへんで　けいさつえ　とどけおった
わしらに　さからいおったから　森永つぶしたる
青さんいりの　かし　50こ　よおい　してある
このうち　はんぶんは
グリコの　とき　わしらに　さかろうた　西友に　おいたる
20こには　どくいりの　紙　はってある
30こには　はっとらん

たからさがしやで
そのつぎは　１００こ　よおい　する　つもりや
北海道にも　おくかもしれん
わしらが　ええ　ゆうまで　スーパーやデパートは
森永せいかの製品　おいたら　あかん
おきおったら　その店の　ほかの　くいもんえも　どく　いれたる
かい人21面相〉（１９８４年10月7日12時～18時・西宮東郵便局管内から投函）

この脅迫状もまた、青酸ソーダ入り森永製品を置いて回っていた10月7日の午後、兵庫県西宮市内の郵便ポストから投函されたものだった。

この脅迫状は27社に送り付けられていて、ダイエーや西友などの食品流通業界以外にも、ハウス食品、明治製菓、山崎製パンなど食品メーカーが含まれていた。このあとハウス食品は、かい人21面相の標的にされていることから、狙いを定めていた企業に、一種の布石として送り付けたものだったのだろう。

いずれにしろ、青酸ソーダ入り森永製品のばら撒きと、食品流通業界への脅迫状の相乗効果は絶大だった。日を置かずしてダイエー、イトーヨーカドー、セブン‐イレブンなどは森永製品の売り場からの撤去を決め、北海道のデパートやスーパーなどでも森永製品の撤去が相次いだ。

一方、〈グリコの　とき　わしらに　さかろうた〉と名指しされた西友は、販売をやめれば「犯人の脅しに屈することになる」として、いったんは関西地区以外での販売継続を公表したものの、10日後の10月16日には販売中止に追い込まれている。

キツネ目の男は、10月14日の日曜日に上京すると、西友本部のあるサンシャインビル前の豊島郵便局管内のポストから、大阪府下の南海西友・狭山ニュータウン店と関西西友・高石店に宛て、青酸ソーダ入り「森永ハイチュウソフトキャンディ」と「森永もなかチョコバイオマン」を郵送した。同封の脅迫状には〈おまえらの　店の名前で　客の　うち　え　おくることも　できるんやで〉とあった。

さらにその日、朝日、毎日、サンケイ、NHKに送り付けた新たな挑戦状で、西友の他の店にも青酸ソーダ入り森永製品を置いたと書き、NHKには150人分の致死量の青酸ソーダが同封してあった。挑戦状の宛名には、警察庁の新長官に就任したばかりの鈴木《すずき》貞敏《さだとし》の名前が書かれていて、ふざけた調子で新長官をからかった。

〈警さつちょうの　すずき　え
わしら　あんたに　わるい　おもうてる
わしらの　せいで　かみの毛　えろう　うすう　なったな

まわりの　もんも　まぶしゅうて　かなわんやろ
毛のはえる　くすりの　かわりに　また　ヒント　おしえたる
森永の　かし　ぎふ県で　こうた
おまえらでも　さがせば　わかるやろ

（略）

西友の　こうよう台と　川西と　かつらは　わしらが　おいた
わしら　うらみは　わすれへん
青さんソーダ　なんぼでも　あるで
NHK　に　プレゼント　したった
よお　見ときや

クイズ
NHK　に　おくった　青さんソーダで
なん人　殺せる　でしょうか
かいとうを　おくってきた　もんの　なかから　ちゅうせんで
10人に　青さんいり　森永せい品を　おくります
（以下略）〉（1984年10月13日12時～18時・大阪南郵便局管内から投函）

〈西友の　こうよう台〉とあるのは、兵庫県川西市向陽台にある関西西友・多田店のことだ。

同店では、10月7日に青酸ソーダ入り森永製品が、ファミリーマートやローソンで次々と発見された際、万一を考え、すべての森永製品を売り場から撤去していた。このとき、別メーカーのパイに〈どくいり〉のシールのある製品が発見されていたが青酸ソーダの反応はなかった。

このあらたな挑戦状が報じられた新聞記事を見て、念のため森永製品を再チェックしたところ、「西友の値札が付いておらず、包装のセロハン袋の端が破れている『バイオマン』を発見、鑑定の結果、青酸反応が出た」。警察による検証の結果、本来、この製品に貼られていた〈どくいり〉のシールが、何らかの拍子ではがれ、別メーカーのパイについていたこともわかった。

青酸ソーダ入り「森永もなかチョコバイオマン」は、犯人が置いてから撤去されるまでの間、〈どくいり〉のシールのないまま店頭に並んでいたことになる。警告シールのない森永の菓子が棚に並べられ、販売されていた事実にショックを受けた西友は、このあと全国の店舗から森永製品の撤去を決めている。

千円パックで菓子を手売り

本来なら、これでキツネ目の男の目的は達成されたことになる。食品流通業界は、脅しに屈し、この男の言葉で言えば、縮み上がってしまったのである。ところが、キツネ目の男は、1週間後の10月21日の日曜日に再び上京し、池袋のサンシャインビル近くのファミリーマート埼玉・城北地区本部事務所の郵便受けに〈どくいり　きけん〉のシールを貼った「森永ドロップ」と、警告シールのない「森永ミルクキャラメル」をむき出しのまま投げ込んでいた。当時のファミリーマートは、西友が１００パーセント出資する子会社であった。

この2個の菓子は、翌22日の午後1時45分ごろ、ファミリーマート地区本部の社員によって発見されている。近くに中央本部があり、地区本部の郵便受けはほとんど使われていなかったため発見が遅れたのだ。

前述したように西友では、10月16日から関西地区だけでなく、全国２０５店舗で森永製品の販売中止を決めている。ファミリーマートにしても、同じくこの日から森永製品をすべて売り場から撤去した。なのに、なぜ、ファミリーマートの郵便受けに青酸ソーダ入りの森永製品を投げ入れたのか。

元警察庁の幹部によれば、この意味不明の異常行動には、キツネ目の男の、怯えと動揺が表れているという。どういうことかと言えば、西友が森永製品の撤去を発表したのが、16日の午前11時半で、それが記事になったのは16日の各紙夕刊だった。そしてこの日の朝刊には、各紙とも一面トップで、「ビデオの男」の映像写真が掲載されていた。巨人の野球帽をかぶった背広姿の男の身体的特徴を、20歳から30歳の若い男で、身長は１７０センチ前後と報じていたのである。

　西友が、全国の店から森永製品を撤去すると発表した日に、「ビデオの男」の公開が重なったことで、キツネ目の男は、この偶然が生み出した相関関係に、計算された警察の挑発を読み取ったのだろう。面子にこだわる男らしく、やられっぱなしでは終われないという思いが、再度上京しての、西友への嫌がらせとなった。別の見方をすれば、キツネ目の男にとって「ビデオの男」は、すぐにも身元が割れるのではと怯えるほど、特徴を捉えていたことになる。

　しかしこの日、「ビデオの男」が公開されたのは、キツネ目の男への挑発でもなんでもなかった。翌17日に警察庁の山田《やまだ》英雄《ひでお》次長（その後警察庁長官）が大阪に出向き、近畿管区警察局の6府県警の本部長会議に出席するため、その前にマスコミにネタを提供し、事件を派手に紙面で取り上げてもらうためのものだった。

〈森永の　どあほが　わしらに　さからいおったから〉という理不尽な怒りに端を発した森永攻撃は、まさにキツネ目の男の狙い通り、森永製品を市場から締め出し、同社の経営を窮地に追いこんでいく。この年の10月の売上予想を１００億円から50億円に下方修正したうえ、工場の稼働率を半減させるとともにテレビＣＭの中止も余儀なくされた。事件に巻き込まれた５ヵ月半で被った森永の損害額は、単純計算で約４００億円にのぼっていた。

しかし高木は、不屈のねばりで頑張り続けた。

10月10日の体育の日には、「森永製菓からのお知らせとお願い」と題した社告を新聞各紙に掲載。「犯人の言動は、当社ばかりでなく、食品業界はもちろん社会全体に対する挑戦であり、要求に少しでも応ずれば更にその影響が拡大波及することになりますので、当社は捜査当局のご指示に従って事件を解決すべく努力してまいりました」と報告することで、今後も犯人と全面対決していく姿勢を示したのである。

一方で、社員とその家族約3000人を動員し、全国3000店のデパートやスーパーなどで店頭巡回をおこないながらの販売を開始。さらには10月17日からは、ラインの止まった工場で数種類の森永製品をビニール袋に詰めた「千円パック」を作っては、街頭販売もはじめた。「千円パック」は、山手線の駅前や交通量の多い交差点にのぼりを立て、社員総出での直接販売だった。

「千円パック」の発案者でもあった副社長の高木は、当時を振り返ってこう言った。

「あれは、対策本部のメンバーといろいろ話しているときですよ。最近、カンパといってお金をもってくる人がいるんだけど、困っちゃうなって話が出て、じゃ、お返しにお菓子をあげたらどうですかと提案があった。いや、だけどお菓子あげる方法ないじゃないかとなって、そのあとですよ。それじゃ、安全のためにパック詰めにする。これならいいんじゃないですかというので決まったんです」

高木の述懐が続く。

「街頭販売してるとね、普通のサラリーマンで、普段はお菓子なんか買う人じゃないんですよ。そういう人が『千円パック』を買ってくれて、頑張れよって声をかけてくれる。ひどい時期だけにささいなことが身に沁《し》みるんですね。足早に去っていく、その方の後ろ姿に手を合わしていましたよ」

苦境にある森永製菓に対し、元農林大臣で、自民党の食品産業振興議員連盟会長でもあった安倍晋太郎《あべしんたろう》の肝煎《きもい》りで、「国を挙げての支援措置を実行する方針」が決められた。また、農林水産省の渡邉文雄《わたなべふみお》事務次官は「全役所並びに地方自治体は森永の1000円パックを応援してやってくれ」という次官通達を出し、食品流通局の塚田《つかだ》実《みのる》局長と芝田《しばた》博《ひろし》審議官は、省内に森永支援の対策本部を設置した。当時、安倍晋太郎は外務大臣で、その秘書官がのちの総理総裁となる安倍晋三《しんぞう》であった。安倍秘書官は、森永製菓の松崎昭雄社長の長女昭恵《あきえ》と交際中で、ふたりはこの約2年半後に結婚している。

「千円パック」は、最終的に「1000万袋・100億円」(『森永製菓一〇〇年史』)を売り上げたものの、森永の年間売上高約1200億円に比べるとわずか8パーセントにすぎなかった。

静かな口調に無念の思いを滲ませ、高木は言った。

「焼け石に水にしかならないんです。社員の気持ちがバラけないように、この苦境を乗り切っていこうという象徴なんですね。ほんとですよ。これ以外に何もやることがないんですから。それで小売店さんに、ご迷惑をおかけしていますと挨拶に行くでしょう。すると、決まって『千円パック』をやり玉に挙げられた。会社帰りに、お父さんたちが『千円パック』を買ってくるので、近所の子供さんや奥さんたちが何も買ってくれない。ウチは頑なに森永さん置いてるのに困るわよってわけです。ウチは売れないのに、森永さん自分だけ売って、と叱られた。気持ちはわかりますけどね。こっちはそれどころじゃないわけですよ」

そういうとき、高木は「千円パック」は売るために作ったものじゃありません、と説明し理解を求めようとした。多くの方が応援してくださる。なかにはおカネを届けてくださる方もいるが、頂くわけにはいかない。そんな声援や応援へのお礼の意味を込めて「千円パック」をお渡ししているんであって、販売しているという意識はないんです。

社員の子供を装ったハガキ

キツネ目の男は、森永の経営が苦境に陥っていることに満足したかのように11月1日、2通目の脅迫状を送り付けた。

〈社長　え

わしらの　ちから　よお　わかった　やろ

わしらに　さかろおたら　会社　つぶれる
社長は　殺されるんや
会社　つぶすか　わしらに　金だすか
11月　5日と　6日の　まいにち新聞で
へんじ　するんや　たづね人　つかえ
　　わしら　二郎
　　森永　母
　　けいさつ　悪友
　　金　食事
この　ことば　つこおて　へんじ　せい
金は　まえ　ゆうた　とおり　2億や
かい人21面相〉（1984年10月31日8時〜12時・京都府向日《むこう》町から投函）

森永製菓は、広告掲載を拒否すれば何をされるかわからないと、11月6日の毎日新聞の「尋ね人欄」に次の広告を出した。

「二郎へ　悪友いなくなった　すぐ帰れ
暖かい食事が待っている　母　千代子」

「千代子」は、チョコレートのチョコを掛けたもので、犯人の脅迫には屈しないとの意志をひそかに込めたものだった。「尋ね人欄」の新聞広告は、誰もが簡単に出せるわけではない。広告掲載を求める人物の身元や、掲載の目的などを聞かれるため、森永の警察担当だった東常務は「私らにはできません。お願いします」と、警察庁刑事局捜査一課の篠原弘志《しのはらひろし》理事官に広告掲載の手配を頼んでいる。

依頼を受けた篠原は、「気の毒だから引き受けることにした」と断ったうえで、こう語った。

「仕方ないんで、私が広告の文面を作成したのち、知り合いの弁護士と一緒に新聞社に出向いて行った。私が広告掲載を求める依頼者として説明し、弁護士にその説明をサポートしてもらった。新聞社の担当者は、本来ならもっと詳しくお聞きするんですが、弁護士さんが一緒だからまあいいでしょうと、広告審査をパスさせてくれた経緯がある」

このあと森永側は、すぐにも現金を要求してくるものと身構えていたが、裏取引の日時や場所についての具体的な指示は最後までなかった。ただ、裏取引に応じるかどうかの意思確認を求める脅迫状が二度にわたり送られてきた。そしてその都度、新聞広告を出すよう要求があった。

二度にわたる意思確認のうち一度目のものは、先の「尋ね人欄」に広告を出した13日後に届いた。

〈森永の　あほ　ども　え
わしらの　つよさ　わかったやろ
けいさつ　たよりにした　おまえら　あほやったんや
あと　４か月で　つぶれるで
わしら　９か月も　つかまってへんね
わしら　やくそく　まもる
会長　社長　さろたる　会社　つぶしたる
とりひき　するなら　まえふく社　長　え　ゆうたよおに
毎日新聞に　こおこく　だせ
11月20日　21日　22日
　女子ぼしゅう
25さい　までの　けんこうな　女せい
じきゅう　５５０円交つうひ　しきゅう
あかるい　たのしい　しょくば　です
これを　キャンデーストアの　どこかの　店の　なまえ　で
だせ　２億やで
かい人21面相〉（1984年11月17日12時～18時・茨木郵便局管内から投函）

キャンデーストアは森永傘下のカフェであった。この広告を出したあと、高木は一日中副社長室にこもり、新聞広告を見て応募してくる女性への電話の応対に明け暮れた。「はい、キャンデーストアです。申し訳ありませんが、満員になりました」

キャンデーストアの広告を出してから9日後、またもや意思確認の広告を出せと言ってきた。

〈森永の　あほども　え
2億だす　やくそく　したな　かならず　とるで
12月3日から　8日までに　全国の　サンケイと　毎日に
こおこく　だせ
グリコが　まえだしたもんと　おなじよおな　もんで　ええ
わしらに　もんく　つけたら　あかんで
こおこくの　なかに　社員の7さいの　女のこの　手紙
こどもの　じで　のせるんや
かい人21面相さんえ
とおちゃん　こまってる

かあちゃん　ないている
とおちゃんの　会社　つぶれたら　こまる
ほかの　会社も　つぶれそおで　こまっとる
いびるの　やめて　ほしい
これを　こどもらしい　さくぶんに　して　だすんや
さくぶん　もっと　なごおても　ええ
こおこく　でたら　金の　うけわたし　おしえたる
かい人21面相〉（1984年11月29日12時～18時・枚方郵便局管内から投函）

森永側は指示どおり、12月7日の毎日とサンケイに全5段の広告を出した。その広告文を作成したときの記憶がよみがえってきたのか、高木は苦虫を嚙み潰したような表情になった。

「〈かい人21面相さん〉って書けってきたんでね。もう、頭にきちゃって……。しかし書かないと、何やられるかわからないので作りましたよ。ハガキをいくつか載せたなかのひとつに『かい人21面相さんへ』と入れた」

ハガキの文面は、「かい人21面そうさんへ、パパはまいにちかえりがおそいです。ママはおかしをうりにいきます。おとうさんのかいしゃがつぶれたらわたしはおこずかいがもらえません。もういじめないでください」というものだった。

高木はさらに語を継いだ。

「ところがこのときも、現金受け渡しについて何の指示もない。私が一番不思議に思うのは、グリコさんの場合、脅迫状のあと、現金の持参先を何度も指示してきたり、工場に放火されたりといろいろ接触があるでしょう。ハウスさんにしても、現金の持参先を何度も指定している。でもウチは、最初の守口駅前のマンホールの上に1億円置けと指示されただけでね、あとはどの事務所にも手紙もないし電話もない。何の連絡もないんですよ。だから、私の想像としては、犯人は、森永からは取る気はなくて騒ぎを大きくし、事件を攪乱《かくらん》させるために選んだんじゃないかって、いまでも思ってますけど」

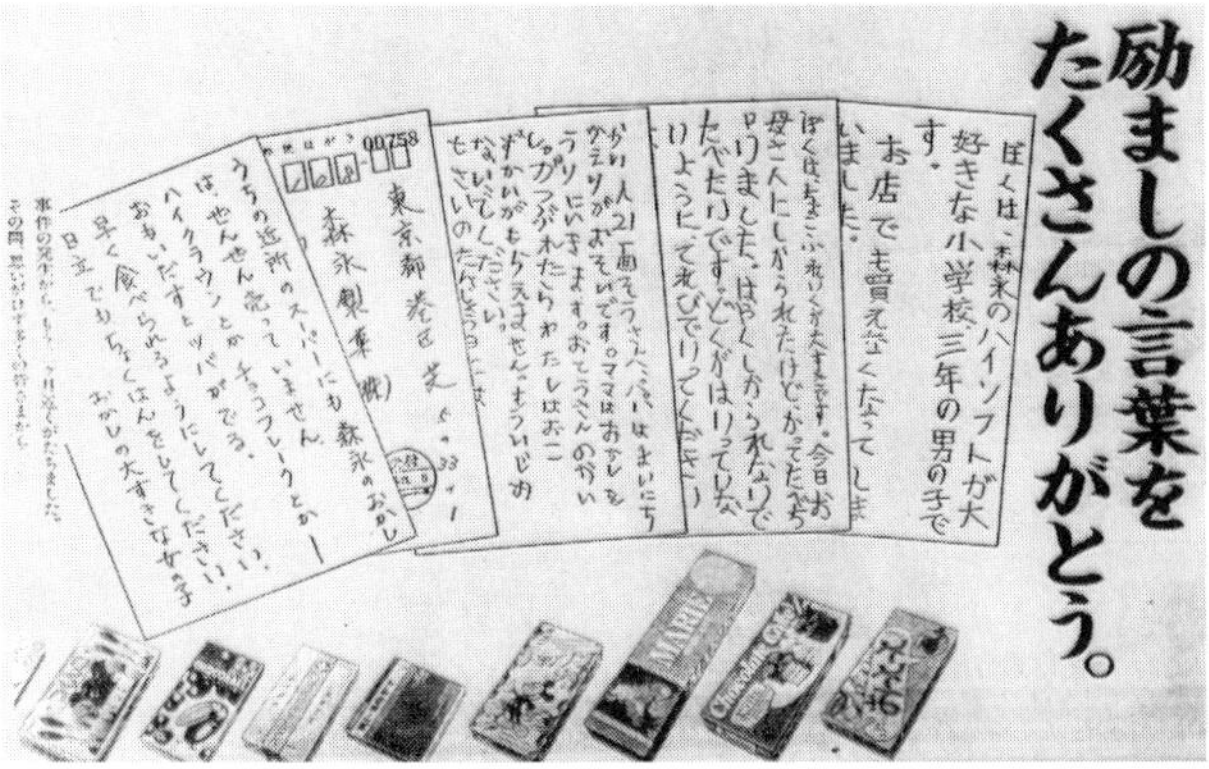

犯人の指示によって森永が掲出した新聞広告（読売新聞社提供）

いまとなっては合点がいくのだが、これらの広告を出させることで、森永もついに裏取引に応じたと食品業界に思わせる狙いがあった。このとき、すでにキツネ目の男はハウス食品を脅迫していたうえ、「かい人21面相さんへ」の広告が新聞に掲載されたその日、不二家に脅迫状を送っている。

半年前、グリコは、「ともこちゃん、ありがとう。グリコは、がんばります」と銘打った全7段の広告を載せたのち、菓子業界では、グリコの裏取引説がまことしやかに語られるようになった。それと同じ効果を狙い、これから標的とする菓子メーカーや食品メーカーに、森永もカネを払ったと思い込ませようとしたのである。

「私ならヤミで払います」

かい人21面相に振り回されながら、一方で高木は、菓子業界への対応にも追われていた。事件の年越しが確実になったころから、業界団体からの微妙な圧力は、微妙とは言いがたい否応のない重圧となって顕在化してきたからだ。

年末の12月28日、TBSの報道番組「JNNニュースコープ」がグリコ森永事件の特集番組を放送した際、参議院議員で森下仁丹会長だった森下泰《もりしたたい》はテレビカメラを見据え、森永の経営陣をこう批判した。

「たとえば私が、そういう境遇になったらね、ヤミですぐ払いますよ。ヤミですぐ払いますな。そんなもの、警察へ届けてですね……何百億、何千億と損害を被っておられるわけですね。企業を守る経営者としては、そんなことできませんな。だから、それは何と言われるかも知らんけど、ヤミでおカネは出します」

菓子問屋の全国組織である全国菓子卸商業組合連合会と、小売業者の集まりである東京都菓子工業組合からも、高木はつるし上げにあっていた。

「そうそうたるメンバーが20人くらい集まりましてね、正直言うと、ずいぶん叩かれたんです。言うならば、あんたがいい格好してるから、みんな迷惑してるよって。こういう言い方なんですね。ウチからみれば、みんなお得意さまですよ。問屋さん、小売屋さん、普段は仲がいいんですよ。でも私、ひとりで頑張ったんです。いや、みなさん、何と仰っても裏取引はいけません。犯人逮捕以外にこの事件を解決する道はありません。そう言い続けたんですね」

かい人21面相の脅しに屈することなく耐え続ける森永は、キツネ目の男にとって忌々しい存在でしかない。カネは取れないまでも、逆らった代償を払わせない限り、面子に関わるということだろう。ゲーム感覚ではじめた犯罪は、いまや世の中を揺るがす重大事件と化していて、その檜舞台で踊り、観る者の期待にたがわぬ悪を演じようとしたのである。

年が明けた1985年1月16日午後7時55分ごろ、今度は読売新聞大阪本社の北側玄関前の柱のかげに青酸ソーダ入りの〈千円パック〉を置いたのだ。道路の反対側に停めた犯人のひとりが運転する車の助手席から、もうひとりの男が降りると道路を横切り、茶色の大封筒に入れた〈千円パック〉を読売本社前に置くや、急いで取って返すと車は急発進した。その一部始終を複数の通行人が目撃している。同封の挑戦状には、森永をからかう次の文面があった。

〈がんばる　森永の　みなさん　え

やくそく　どおり　おとしだま　やるで
せいさんいりの　千円パックや　よお　うれるで
（略）
男は　やりかけたこと　さいごまで　やるもんや
森永の　みなさんも
ゆうしゅうな　けいさつ　たよりに　がんばりや
悪　アズ　ナンバーワン
かい人21面相〉

森永が狙われた理由

マスコミをお囃子《はやし》がわりに使ってきたキツネ目の男は、この数日前、毎日、読売、サンケイの各新聞社に送り付けた挑戦状で、〈森永には　正月の　おとしだま　やろう　おもてる〉と書いていた。それが青酸ソーダ入り「千円パック」だった。また、このときはじめて企業から脅しとるカネの目標額を明かしている。

〈全国の　けいさつファンの　みなさん　え
ええ　正月　やったな

わしら　ナカマ　みんなで　おんせん　つかって　ゆっくり　したで
エロエロ　ええ　おもい　させてもろて　ごくらく　やった
ことしも　がんばるで　けいさつも　よおやった
（略）
4日の　ナイスデイ　みたか
わしらに　正月の　あいさつ　しよった　しつもんも　しよった
ちょっと　おしえたろ
あつめる　金の　もくひょうは　13億や
男は　なんでも　さいごまで　やりとげな　あかん
13億　あつめたら　くいもんの　会社　いびるの　やめたる
（略）
森永には　正月の　おとしだま　やろう　おもてる
社員には　きのどくやけど　あほな社長　もった　いんがや
（以下略）
かい人21面相〉（1985年1月14日18時〜24時・岡山中央郵便局管内から投函）

〈ナイスデイ〉は、フジテレビ系列で放送されていた朝の情報番組「おはよう！ナイスデイ」

である。全国放送の司会者や著名人からの質問が、虚栄心をくすぐったせいもあるのだろう。脅し取るカネの目標額を13億円と鷹揚に答えている。

ちょうどこのころ、NHKは、森永製菓の内部にカメラを入れ、かい人21面相と対決する同社の現状と苦悩をドキュメンタリー番組として撮影していた。NHKから企画が持ち込まれたとき、高木は、まずはシナリオを書いて欲しいと注文をつけ、提出されたシナリオを社長の松崎と検討したところ、松崎は「高木君、出よう」と即決していたのだ。

番組は1985年2月25日午後8時、NHK特集「企業の選択―脅迫された森永製菓―」として放送された。対策会議で協議する社長や副社長など5人の経営幹部の表情や発言を紹介する一方、巣鴨の「とげぬき地蔵尊」の縁日を仕切るテキ屋と交渉し、確保した場所で「千円パック」を販売する社員の姿などを追っていた。

カメラは高木の日常にも密着していて、毎朝、庭に建てた亡父の墓標に線香をあげてから出社するまでの様子を撮っていた。高木は、墓標に手を合わせ、毎日念じていることを語っている。

「世の中に感謝をして一日仕事をしようと、自分に言い聞かせているんですね。まあ、最近は、こういうことなものですから、一日も早く事件が無事解決しますようにということも、あわせてお祈りしています」

この番組は大きな反響を呼んだが、放送までにひと悶着《もんちゃく》があった。

取材と編集作業が終わり、いざ放送日が確定すると、森永側は大いに逡巡《しゅんじゅん》した。当時を回想して高木は言った。

「NHKのディレクターのところに行ってね、とにかく放送しないでくれと直談判した。これ放送したら、相手がどうでるかわからない。それがやっぱり非常に怖いわけです。森永がまた余計なことしたとかね。それまでも、お前がいい格好してるから事件が長引いているんだと、業界内部でさんざん言われてるわけです。だから撮ったのはもういいから、放送の時期を延ばしてくれって、3時間半やった。しかし彼、うんと言わないんですよ。これは国民に知らせなきゃいけないということでやってんだから、もうそれ以上心配しなさんな。NHKが責任持つからと譲らない。それで、もう、わかったって、根負けして帰ってきた記憶がある」

放送後、高木の懸念は、いい意味で裏切られることになった。

「放送の翌日の26日は、何も動きがなかった。だけど、どうなるんだろうと、みんな心配してるわけですよ。それで27日の朝から、対策本部でこの経営状態が1年続いたらどうなるかというシミュレーションを1日かけてやった。売り上げのさらなる落ち込みや、資金繰りの見通し、コストの削減策など、いろいろ数字を積み上げていくと、1年後もなんとか会社は持ちこたえられるとの結論が出た。それで、まあ、やれやれってんで、午後7時ごろ解散してウチへ帰ったら、夜の9時過ぎに共同通信の知り合いの記者から電話があった。高木さん、来ましたよと」

電話口で読み上げられる、かい人21面相の終結宣言の全文を高木は必死で書き写した。

〈松崎　え
ＮＨＫ　の　テレビ　みたで　高木　ええ　男　や　ないか
とおちゃんの　はかもり　しおって　なかせるで
わしら　人情に　よわいんや
おまえも　よお　がんばった　わしら　ほねの　ある　男　すきやで
パートの　おばはん　やとった　よおやし　稲生も　やめおった
これで　わしらも　めんつ　たつやろ
森永　ゆるしたろ
スーパーも　デパートも　森永せい品　うったれや

（以下略）

かい人21面相〉（1985年2月27日19時半ごろ、茨木署下穂積派出所の入り口ドア下で発見）

共同通信からの電話を切るや、高木は急遽、数時間前に解散した対策本部のメンバーに招集をかけた。そして午後10時半から本社で記者会見を開き、声明文を発表することを決めている。

高木も田園調布の自宅にタクシーを呼び、港区芝の本社に向かった。雨が降っていたにもかかわらず本社前には、すでに大勢の報道陣が詰めかけていて、たいへんな混乱ぶりだった。高木がタクシーから降りようとすると、何本ものマイクが突き出され、カメラのフラッシュが次々と焚《た》かれた。このとき、高木は1万円札でタクシー代金を払おうとしたが、記者たちに揉みくちゃにされ、結局お釣りを受け取ることができなかった。

本社4階の会議室で開いた記者会見で、高木はこう語っている。

「今までまっくらやみの中でどうしていいのかわからなかったが、やっと明るさが見えた感じだ。今回の手紙をどう受けとってよいのか迷っているが、正直なところ、一応ホッとしている。言を信じて、できるだけ早く通常生産、販売に踏み切りたい」

松崎社長もまた、全国5工場の稼働を指示するが、この半年のあいだにスーパーやコンビニに商品を並べる棚を失っていたため、以前のような経営状態に戻すには長い時間がかかった。

私が、何度目かに高木邸を訪問したときだった。自宅の居間で夫人が淹《い》れてくれた珈琲を飲みながら静かに語る高木からは、忘れることのできない印象を受けた。

「みんなね、事件の最中にはいいこと言ってくれるんですよ。事件が終わったら、すぐ売ってやるよって。だけどね、犯人の終結宣言が出て、担当者がスーパーやコンビニの本部に行くでしょう。すると、つれなくてね。まるっきりはじめから新規取引をお願いするのと同じ。商品を置く棚がないうえ、レジコードも落とされてるんですから。いまは棚がいっぱいだからダメだ。空いたら入れてやるよといった調子でね。棚取りのために足繁く通って、売り上げを元に戻すまでに4年かかった。それらの営業経費も含めると実質的な損害は500億円以上出てるんです。だから犯人の終結宣言が出てからも、カネを払わなかったのはバカだ、バカだと言われたんですけどね」

このあと、新年度を迎えた5月の会議で資金繰りが行き詰まったときのことを、急に思い出したように高木は言った。

「このままだと資金ショートする。これからどうするんだと役員会で話し合ってるときですよ。誰かが、警察に預けてあるおカネがあったじゃないですかと言ったんですね。アッそうだ、あれがあったと、急いで3億円を取りに行った。そういうバカな話があるんですよ。それくらい事件のことで頭がいっぱいで、預けてあるのを忘れちゃってた」

キツネ目の男は、『週刊読売』に宛てた「手記」で、森永製菓を標的にした理由を明かしている。

〈森永　どおして　えらんだか
かしの　会社で　1ばん　よお　うれとるのは　明治や
グリコの　つぎは　明治　ねらう　だれでも　そお　おもうやろ

そやから　明治は　やめた
森永　まえに　ひそで　どくの　こわさ　よお　しっとるや　ないか
社長　よほど　あほや　なかったら　わしらの　ゆうこと　きくはずや
わしらも　人を見る　め　なかった
森永の　社長　ほんまの　あほやった〉（1984年12月5日18時〜24時・名古屋中央郵便局で投函）

「森永ヒ素ミルク事件」は、1955年に森永乳業の徳島工場で製造したドライミルクに大量のヒ素が含まれていて、約1万3000人の乳幼児がヒ素中毒になり、うち130名以上が死亡した事件である。日本において食の安全性が問われた最初の事件でもあった。

かつての悲惨な事件を教訓化し、それを受け継いできた企業人の確固たる信念と、人を脅せば簡単にカネが取れると思い上がっていたキツネ目の男の邪悪な性格を、対照的に浮き彫りにした事件でもあった。

5——滋賀県警の一番長い日

昭和天皇のご下問

事件発生から半年後の１９８４年10月13日、昭和天皇は、奈良県で開かれた秋季国体に出席したあと、大阪万博以来14年ぶりに大阪への行幸に出た。そして宿泊先のロイヤルホテルに、かつて皇宮警察に勤務したことのある近畿在住の警察幹部５人を呼んでいる。彼らは異例の拝《はい》謁《えつ》を許された。

昭和天皇は、最年長で近畿管区警察局保安部長だった川畑久廣《かわばたひさひろ》にまず声をかけた。そのときの様子を、川畑はこう語った。

「開口一番、『どうなんだい』とご下問があった。私は、お答えのしようがないので、はい、とだけ答えて、ただ頭を垂《た》れていた。すると陛下は再び『どうなんだい』とお聞きになった。それでも、じっと頭を垂れたままでいると、さらに『どうなんだい』と畳み掛けるように聞かれ、最後は大きな声で『どうなんだい』と四度も問われた。ほとほと困り果ててしまい、どうにか元気でやっておりますとお答えしたところ、陛下は、ようやくうなずかれた」

グリコ森永事件について、昭和天皇から何か具体的な質問が出たわけではない。しかし事件に強い関心を持っていることは明らかだった。

警備関係者を通じ、この模様は警察庁に情報としてあげられ、この行幸のあとに予定されていた警察庁長官から天皇へのご進講の項目に、急遽、グリコ森永事件を加えることになった。

警察庁首脳は、さすがに取り上げないわけにはいかないだろうと考えたのである。普通、ご進講は交通事故数の増減など一般情勢を話すだけで、個別事件を取り上げることはない。しかしご進講の項目に入れておかなければ、天皇のほうから質問が出る可能性があり、聞かれるくらいなら、こちらから説明をしたほうがいいとなったのだ。

この懸念はあながち外れていなかった。

警察庁長官のご進講から約1ヵ月後の12月初旬、検察庁首脳との毎年恒例の宮中午餐《ごさん》の席で、昭和天皇はグリコ森永事件について、異例の質問をしていたからだ。この午餐の会は、法務大臣ほか最高検察庁の検事総長、次長検事、それに全国8ヵ所の高等検察庁の検事長が招かれ、約1時間にわたりフランス料理とワインが供され、天皇のご下問に検事総長や検事長たちが答えるというものだ。

この日の午餐に出席した検察首脳のひとりによれば、天皇は大阪高検検事長に向かってこう声をかけた。

「最近、何か問題はないの」

大阪高検検事長は、「おかげ様で何もございません。つつがなくやっております」と答えたところ、すかさず問われている。

「グリコ森永事件はどうですか」

グリコ森永事件へのご下問などまったく想定していなかっただけに、大阪高検検事長はあわてふためき、しどろもどろになってしまったという。

昭和天皇が気にかけていたほど、事件はすでに国家的な一大事となっていたのである。この話が伝わるや、警察庁首脳は、威信にかけて事件を解決しなければならないとよりいっそうの重圧を感じるとともに、少し前の失態を苦々しく思い出すことになる。

宮中午餐の2週間ほど前、完璧な捜査体制のもと、犯人を裏取引の現場に誘い出したはずが、連絡事項の不徹底からいま一歩のところで取り逃がしていたからだ。

かい人21面相は、この時期、森永製菓を執拗に脅迫し、青酸ソーダ入り森永製品をスーパーやコンビニなどに置いて回り、森永製品を市場から締め出すことに躍起になっていた。その一方で、ハウス食品工業へ新たな脅迫状を送り付けていたのである。

いまとなっては合点がいくのだが、森永製菓に捜査本部の目を釘付けにしておき、その隙にハウス食品からカネを脅し取ろうと画策していたわけだ。

会社としての決断

11月7日午前7時ごろ、ハウス食品の和田《わだ》博《ひろし》総務部長の自宅郵便受けに、大判の封筒が投げ込まれているのを家人が見つけている。封筒の中には、かい人21面相から浦上郁夫《うらかみいくお》社長宛ての脅迫状と青酸ソーダの固形錠剤、青酸ソーダを混入させたハウスシチュー、そしてグリコの江崎社長の肉声テープが入っていた。

〈浦上　え
まえにテープ　おくっとったから
わしら　ほんもの　ゆうこと　わかるやろ
この手紙　けいさつ　え　とどけても　ええで
グリコ　森永　と　おなじ　めに　あわせたる
あと　半とし　したら　森永　つぶれるで
グリコは　６０００万　だされで　６億で　はなし　ついた
森永は　わしらに　さかろおたさかい　２億で　はなし　してる
また　さか　ろおたら　４億や
おまえとこ　１億や　やすいもんやろ
うらとりひきは　けいさつ　や　マスコミには　いわへん
わしら　けいさつ　より　くち　かたい
おまえも　大阪しょう人なら　そんとく　よお　わかるやろ

（略）

けいさつに　ばれたら　森永と　おなじに　なるで
どく　いれても　いれんでも

スーパー　わしらの　ゆうこと　ぜったいに　きく
おまえの　会社　つぶすの　かんたんや

（略）

金は　５００万　づつ　たばにして
１万円の　ふるい　さつで　よおい　するんや
白い　ビニールバッグ　２こに　５０００万　づつ　いれて
白の　ワゴンに　のって　まて
京都市ふしみ区下鳥羽の　こくどう１号せんの
レストラン　さと　ふしみ店　ＴＥＬ　０７５　６２２　５＊＊＊　で
11月14日　水よう　ごご７じ30分に　まて
ワゴンに　１人　のって　レストランに　１人おれ
そおむの　社員　２人　よおい　するんや
かんさいの　道路ちづと　京都　長おか京　タカツキ　イバラキ　せっつ
豊中　宝づか　守口　ひらおか　尼崎　の　ちづ　２人に　もたせとけ
８じに　江坂のしゅっちょう所ＴＥＬ０６　３８４　７＊＊＊
えＴＥＬする
わだが　ＴＥＬとれ　手紙　あるとこ　おしえたる

手紙は　ちっこい　ふうとうに　いれて
りょうめんテープで　はってある
（略）
金　うけわたし　しっぱい　したら　また　れんらくする
けいさつ　えは　ゆったら　あかんで
（略）
わしらに　さかろおたら　会社　つぶれる
社長・副社長　わだは　殺したるハウスのカレーは　からいで
せいさん　1グラム　いれてある
うそ　おもったら　やっきょく　いって　しょうさんぎん　こおて
カレーに　ついとる　せいさん　みずに　とかして　いれてみ
白う　なるで
かい人21面相〉

〈まえにテープ　おくっとった〉とあるのは、4ヵ月ほど前に届いた警告状に同封されていた、江崎勝久の肉声テープである。この警告状は、ハウスほか明治製菓、雪印乳業など食品メーカー7社に送られたもので、〈わしら　なにか　用あれば　勝久の　声のテープ　いっしょにおくる〉〈にせもんに　金はろたら　あかんで〉と書かれてあった。5月、6月と模倣犯が立て続けに逮捕されていたため、自分たちが乗り込んでいくまで模倣犯に引っかからないようにと、ご丁寧な警告を出していたのである。

かい人21面相からの脅迫状を受け取ったハウス食品は、まる2日間迷いに迷った末、警察に被害届けを出している。ハウス食品の副社長だった大塚邦彦《おおつかくにひこ》は、事件をこう振り返った。

「やっぱり、会社としては大変な問題ですからね。100億円の損失を覚悟するか、1億円で済ますかという判断です。経営にとってひとつのヤマですから、なかなかまとまらなかった。当時の顧問弁護士の方は、もう亡くなっていますが、警察には届けんほうがいいという意見でした」

森永製菓の社員が総出で「千円パック」を駅や街頭で販売する痛ましい姿を、同じ食品メーカーとして固唾《かたず》を呑んで見守っていた大塚は、秘書が届けてきた脅迫状を見た瞬間、「会社つぶれるかもしれんな」との思いを抱いた。それは前々日に逝去した父親の「還骨法要」の日で、自宅でお経をあげてもらっているときであった。

「お経が終わると精進落としの会食に移りますわね。しかしそれにも出ないで、何も言わずバタバタと出かけて行ったもんですから、女房もおかしいと思ったでしょうね」

奈良県生駒市のイデアックセンター（研修センター）に全役員が集合し、ここに泊まり込んでのまる2日にわたる協議だった。かりに裏取引をして、それが表に出たときには社会的信用をなくしてしまう。やっぱり、ビジネスの本質は、人の心に対し、組織としてご恩になったことにお返しをする。これは時代が変わっても大事なことと違うか。正道を歩こうやないかと、警察に届けることを決めたのは、創業者浦上靖介《せいすけ》の次男で二代目社長だった浦上郁夫である。浦上社長は、翌年の8月12日、群馬県の御巣鷹《おすたか》の尾根に墜落した日航機123便に搭乗していて47歳で亡くなった。

大阪府警は、このときも犯人の指定現場に運ぶカネには、ニセ札を使う考えだった。これに対しハウス側は、本物の紙幣を使うよう強硬に申し入れた。

「骨は拾ってやる」

食品会社にとって、商品に青酸ソーダを混入されるかもしれないという恐怖は、計り知れないものがある。ニセ札が犯人に渡ったときの報復を恐れたのである。もし犯人に取られてもウチがかぶりますからと旧札で集めた1億円を警察に預けている。

ちょうど旧札と新札が切り替えられた時期で、短時間に旧札で1億円を集めるには、メインバンクの力を借りなければならなかった。

浦上社長が、事態の報告と現金準備の協力要請のためメインバンクに赴いた。そして銀行から帰ってくるなりこぼした言葉を、大塚はいまも忘れられないと言った。

「まだ動揺している最中でしたから、メインバンクさんからの予想外の質問に、浦上社長はショックを受けたようでした。『お宅は、売り上げゼロで何日もつんかと聞かれ、俺、答えられへんかった』と……。力をおとした社長の声が、まだ耳の奥に残ってます」

大阪府警は万全の捜査態勢を整えるため、まず、「報道協定」を在阪の新聞社、テレビ局に強硬に申し入れている。そして犯人が裏取引の指定日とした11月14日の前日、「在阪社会部長会」との間で報道協定が正式調印された。報道協定を結ぶと、その期間中、報道機関に詳細な捜査情報の提供義務を負うが、一方で、事件についていっさいの報道を差し止めることができる。ハウス食品は警察に届けておらず、裏取引に応じると犯人側に思わせるには、警察の動きがいっさい漏れてはならない。その必要性から結ばれたものだった。

この報道協定に関し、警察庁と大阪府警の間で一悶着あった。

大阪府警は、これまでの犯行パターンから言って一度目は下見で、カネを取りにくるのは二度目以降である。報道協定を結んでおかないと、警察の動きが漏れて下見だけで姿を消してしまい出てこなくなる。だから報道協定を申し入れたいということだった。

これに対し警察庁の一部から異論が出た。犯人は一回目からカネを取りに来る。これまで出てこなかったのは、捜査員の張り込みがバレているか、バレていなくても、何か様子がおかしいというので出てこなかったのではないか。標的とされた企業が、一度目に指定された場所にカネを置いて、それが関係のない通行人に拾われ、警察に届けられれば企業は社会的批判を受け、二度と犯人の指示には従わなくなる。だから、彼らは一回目から勝負をかけてくる。報道協定など結ぶ必要はない。結ぶことで、むしろ捜査全体の緊張感が失われるという意見が出されたが、採用されることはなかった。

報道協定に加え、捜査情報が漏れることを恐れ、専従捜査員以外にはこの日の捜査について周知徹底させなかった。しかしあまりに保秘を重視し過ぎたため、このあと大きな代償を払わされることになるのである。保秘による情報共有の妨げが、鉄壁のはずの捜査態勢を悪夢のように瓦解させてしまったのだ。

犯人が指定した裏取引の前日、大阪府警刑事部長だった鈴木邦芳は、捜査一課や機動捜査隊の捜査員を前にこう訓示した。

「今回もまた、カネの運搬車両は、犯人の指示書によって、あちこちぐるぐる引き回されるだろう。だけど指示にはどこまでもしたがって走れ。能登半島にまで行けと指示があれば、迷わず能登に行け。能登半島からは船にカネを積み込めという指示もありうるから、その場合もしたがえ。かりに、後続部隊の支援が受けられない状況になっても、徹底して最後まで突っ込んで欲しい」

続いて平野雄幸捜査一課長が、当日の拳銃携行を命じたうえで檄《げき》を飛ばした。

「犯人はライフルを持っていると思われる。最後は銃撃戦になる可能性があるが、人間は死ぬときは死ぬんだから、ひるむことなくしっかりやってくれ。骨は必ず拾ってやる――」

捜査員の緊張は極みに達し、彼らは死に物狂いで翌日の捜査に臨む覚悟を決めたという。

捜査態勢の見込み違い

この捜査会議が終わると、今度は府警本部隣の警察会館に場所を移し、近畿管区警察局長による「ハウス・森永関係府県合同捜査会議」が開かれた。大阪府警、京都府警、兵庫県警、滋賀県警など近畿6府県の警察本部に福井県警本部を加えた合同の捜査会議である。ここでは、おもに高速道路と一般道の両面から各警察本部の捜査態勢を確認した。かい人21面相が指定した京都の「さと伏見店」を起点に、東西どちらの方面に現場が動いても対応できる配備になっているかの最終チェックであった。

この会議で確認された最も重要な捜査方針は、「当日は通常警邏《けいら》のパトカーを高速道路に近づけるな。近づく必要があったとしても高速道路とクロスするな」というものだった。

これは犯人が、高速道路と平行もしくは、交差する一般道に潜んでいて、そこから高速道路上のハウスの現金持参人にカネを投下するよう指示してくると想定しての対策だった。犯人が潜んでいるかもしれない高速道路の近辺に、地域の安全をパトロールする通常警邏のパトカーが通りかかれば、彼らは犯行を中止してしまう。そこでパトカーを高速道路に近づけないよう確認がなされたのである。しかし一回目は下見という思い込みと、「保秘」の重視、そして犯人が現れるとすれば京都から大阪方面であって、滋賀方面ではないだろうという見立てが、この連絡事項の徹底を妨げていた。

滋賀県警のパトカー要員には、高速道路とクロスするなとは伝えられたものの、何のために、という説明はなかった。それが仇《あだ》となったのだ。この日の捜査の重要性を認識できないまま、一台のパトカーが定期的なパトロールコースを回るなか、つい高速道路とクロスしてしまったのである。

そもそも先の合同捜査会議においても、滋賀県警の幹部が、犯人が滋賀県内に入ってきた場合どういう態勢を取ったらいいですかと質問したところ、まったく相手にされなかった。

「あのとき、本庁から来た偉いさんが、おまえとこ関係ないからええねんって、ハエを追い払うようにあしらってましたわ」

大阪府警の元幹部はこう言うと、一息おいて「犯人は脅迫状に、京都のほか高槻市、宝塚市、尼崎市など、大阪と兵庫の市街図を用意しておけと書いていた。だから滋賀に向かうという考えはなくて、配備も京都から大阪方面が中心やった。いまにして思えば、犯人のフェイントに引っかかっていたわけや」と付け加えた。

合同捜査本部が動員した捜査員は総員924人、捜査車両206台だった。うち滋賀県警は捜査員83人、捜査車両10台が割り当てられていたが、犯人が指定した裏取引の当日、どこか緊張感に欠ける空気に包まれていた。朝日新聞大阪社会部編の『グリコ・森永事件』は、この日の午後7時前の、滋賀県警の様子を書いている。

「ちょうど一課長席の横で、岸本登《きしもとのぼる》・刑事部長が囲碁を打ち始めたところだった。部屋のほかの場所からも、パチッと碁石をはじく音が響いた。
『余裕ですな』
杉浦《すぎうら》（信之《のぶゆき》・県警詰めの大津支局員）が声をかけると、岸本・刑事部長は、
『そんなことないけどな……』
と生返事をして、碁盤をにらんでいた。
『やっぱり、こっちには来ないんですかなぁ』
杉浦が尋ねると、そばの捜査一課員が、ことさら神妙な顔をして、口を開いた。
『わからんで。裏をかいて来よるかもしれんぞ』
部屋のあちこちから笑いがもれた。空気が一変するのは、この二時間後である」

目印は「白い布」

この日、捜査に投入された覆面車両には、スパイ映画さながらの改造が施されていた。改造装置のひとつは、ナンバープレートであった。運転席にあるスイッチを押せば、大阪ナンバーから他府県のナンバーに切り替えられるようにしてあった。

かい人21面相の指示で、県境をまたいで現金持参人の車が移動する場合、追尾する車のナンバーがいつも大阪ナンバーでは、捜査車両と自己申告しているようなものだ。そのため走る地域によって、京都や神戸のナンバーに自在に変更できるようにしていたのである。

もうひとつは、タクシーを装った覆面車両の装備だった。タクシーの屋根の上に置く表示灯を何種類も準備しておき、京都府内を走っているときは京都のタクシー会社のものを、他府県に出た場合は、その地元のタクシー会社の表示灯へと、いちいち付け替えることにしていた。犯人の目を欺くため、苦肉の策で生み出した装備品だった。

さらには、かい人21面相に捜査本部からの指示や、捜査員同士のやり取りを盗聴されないよう最新鋭のデジタル無線機が投入された。

当時の警察無線は、すべてアナログ無線機だったことから、かい人21面相は常に警察無線を盗聴していて、現場の捜査情報は犯人側に筒抜けだった。そこでこの日は、アナログ無線の使用をやめ、警視庁で試験運用していた最新鋭のデジタル無線機約60台をかき集め、捜査現場に投入した。ただ、当時のデジタル無線は電波の届く範囲が短かったため、府警本部の総指揮所と現場指揮官の乗るワンボックスカーとの間は、従来のアナログ無線が使われた。そのため盗聴されても大丈夫なように、事前に暗号文を作っておき、数字とローマ字を組み合わせた符号でやり取りし、捜査状況を把握できなくしていたのである。

肝心なのは無線機そのものではなく、電波の不感地帯を短時間のうちにいかに解消するかであった。不感地帯が残ったままだと、最新鋭の無線機も無用の長物でしかない。それを有効活用するため、どんな手を打ったかと言えば、厳密な意味で法を犯していたのだ。

「そうは言っても、もう時効だから」と、当時の捜査幹部のひとりが解説する。

「電波法上、不感地帯にアンテナを立てるには当時の郵政省電気通信局の許可がいる。しかしそんな許可をとっている時間はないので、独断専行でアンテナを立てようとなった。あとで問題になったら始末書出せばいい。こっちの捜査を優先すべきという上層部の判断で思い切ってやった経緯がある」

そして警察庁通信局の技術部隊は、名神高速道路に沿って電波が届きにくい不感地帯を徹夜でチェックしてまわり、犯行前日までに、それら不感地帯を塗りつぶすようにしてアンテナを立てていった。

このように準備万端整えて臨んだ捜査だったが、大阪府警の捜査本部では、かなり早い時点でかい人21面相はカネを受け取りには来ない、今日は遊びやと考えはじめていた。

「さと伏見店」で、1億円を積んだ車で待機していたハウスの現金持参人に連絡が入り、2キロほど北の城南宮バス停のベンチの裏側に、両面テープで貼り付けてある指示書を見ろと言ってきた。この指示書には定規で線を引いて作成した大津サービスエリアの図が記載されていた。

ハウスの現金持参人に扮した大阪府警の捜査員が、指示書を無線で読み上げている。

〈おまえら　みはられとるで
名神こおそくどおろ　京都南インターに　はいれ

名ごや方面え　じそく85キロで　はしれ
大津の　サービスエリヤ　の　身障者用の　ちゅう車場の
○印の　ところで　とまれ　×印の　あんないづの
かんばんの　うらに　手紙　はってある

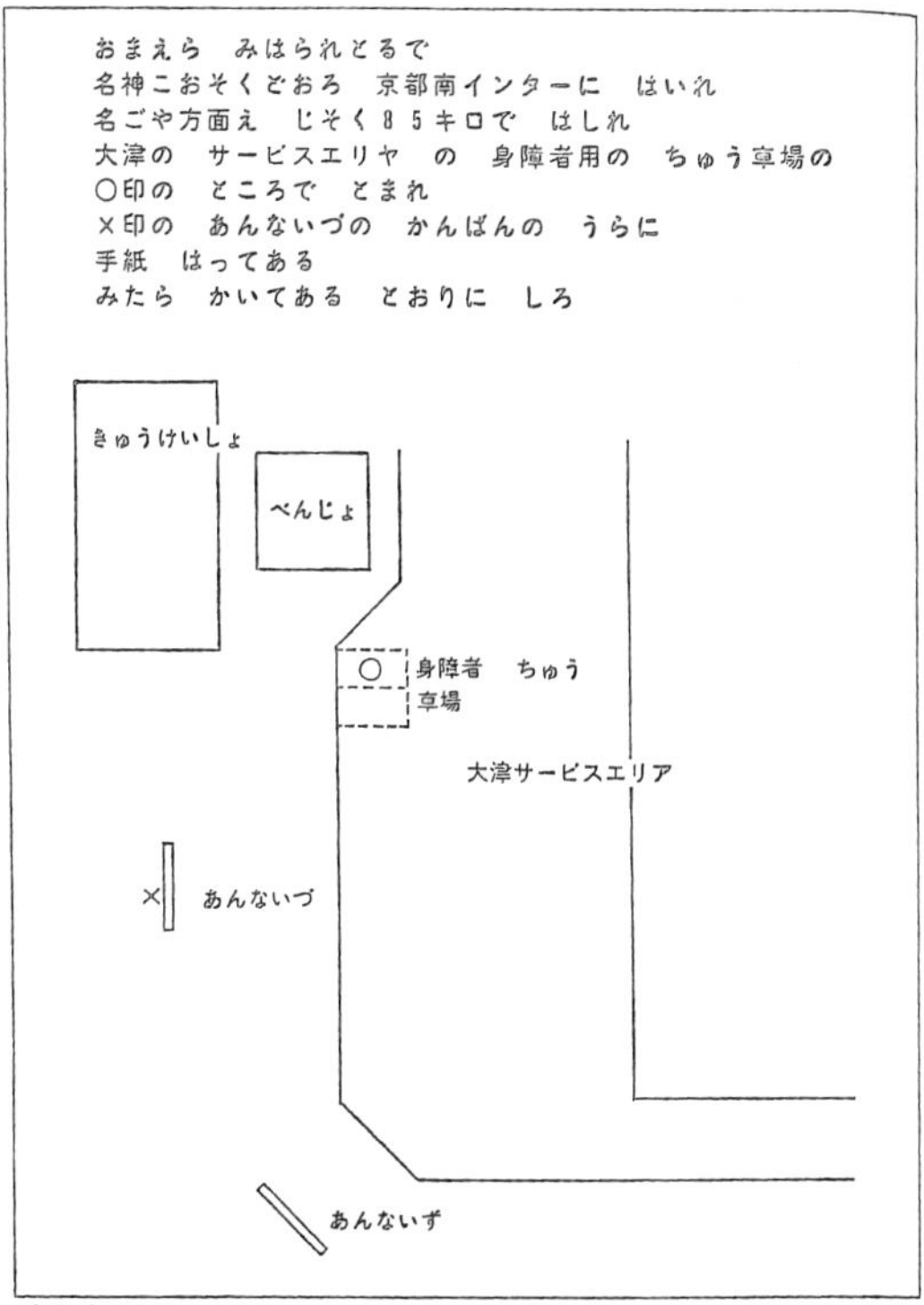

＊京都市伏見区の城南宮バス停に置かれていた指示書。

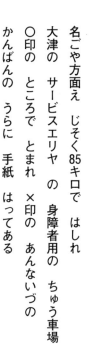

大阪府警本部長の四方修《しかたおさむ》は、捜査員たちの無線でのやり取りをリアルタイムで聞いていた。当時を回想しながら、四方は言った。

「現金を受け取りにくるなら、まず、大阪方面に向かうだろうと考えていましたから。京都から北のほう（滋賀方面）は過疎地帯でしょう。現金奪って逃げたって、ヘリでも飛ばされたら一発で見つかる。だから『さと伏見店』をスタートし、名神高速に入ってから、大津サービスエリアの案内板の裏を見ろとの指示を聞いて、『今日は遊びや、現金取りに来ないな』と、平野捜査一課長と話したもんです」

名神高速道路は、京都から名古屋に向かう場合、琵琶湖に沿って北上し、滋賀県を通り越して岐阜県の関ケ原まで行くと、今度は東へ方向を変え名古屋方面に向かう。この間、警察の追尾をまけるような複雑な道路網はない。

そして四方は、こう付け加えた。

「しかし大津サービスエリアに置いてある次の指示書を見てから、判断しようと思っていた。大津を出て、また京都方面に向かえと言うかもわからんからね。ところが、大津からさらに先の草津パーキングへ向かえでしょう。これは完全に遊びやなと……」

大津サービスエリアに残されていた指示書にも、パーキングエリアの図が描かれていて、こう指示があった。

〈これ　みたら　すぐ　うごけ
草津の　パーキングまで　85キロで
走行車せんを　はしるんや
パーキングの　しるし　みおとさんよう
1人が　しっかり　みはるんや
草津の　パーキングの　ベンチの　こしかけの　うらに
手紙　はってある　○印の　ところや
かいてある　とおりに　しろ〉

草津パーキングのベンチの背もたれの裏に貼ってあった茶封筒の中には、次の指示書が入っていた。

〈これ　みたら　すぐ　うごけ
なごやの　方え　じそく60キロで　はしれ
左がわの　さくに　30センチ　×　90センチの

白い　ぬの　みえたら　とまれ
白い　ぬのの　下に　あきかんが　ある
なかの　手紙の　とおりに　するんや〉

急発進したライトバン

高速道路沿いの防護フェンスに、白布が括りつけられていたのは、草津パーキングエリアから名古屋方面に向かって、ひとつめの栗東《りっとう》インターチェンジの約1キロ手前だった。ここは名神高速道路と、その下を走る一般道（滋賀県道117号川辺御園《かわずらみその》線）がクロスする地点で、琵琶湖に面した草津市から奈良方面に抜けるこの県道は、夜になると車の往来がパッタリ途絶える。かい人21面相が、高速道路上の白布の前に停まった車や人の動きを観察するには絶好のポイントであった。

ハウス食品の社員に扮した大阪府警のふたりの捜査員が、1億円を積んだ白のワゴンで草津パーキングを出発し、その指定の白布の地点に到着したのは午後9時45分だった。しかし、白布の下には空き缶はなかった。

大阪府警刑事部長だった鈴木は、このふたりの捜査員に徹底的に探すよう指示している。

「高速道路上にないなら、何かの拍子にフェンスを飛び越して外に落ちてるんじゃないか。とにかく探せといって、捜査員がフェンスを乗り越えて、高速道路の外に広がる土手の草むらを随分探してるんですよ。それでも見つけられなかったんで、あいつらは、また、どこかで見てるなと思ったものでした」

指定の空き缶がなく、最終の指示書がなかったということは、この日、かい人21面相はカネを受け取る気はなく、ハウス食品が警察に届けていないかどうか様子見していたものと判断し、合同捜査本部は午後10時10分、この日の捜査態勢を解除した。

しかしこのあと、大阪府警の捜査本部は騒然となった。

「パトカーを高速道路に近づけるな」という禁止事項が徹底されていなかったため、滋賀県警の通常警邏のパトカーが、この現場に、しかも犯人が潜んでいた時間帯にやって来ていたのである。現金持参人の運搬車が白布のポイントに到着する約30分前のことだった。

かい人21面相のリーダーだったキツネ目の男は、その県道の路肩に停めた白いライトバンの中から名神高速道路を見上げていた。このライトバンは、数日前、京都・長岡京市の工事事務所から盗んだもので、運転席から見える高速道路の防護壁のフェンスには、この男が取り付けた白布があった。

滋賀県警の通常警邏のパトカーは、県道を草津市方面から走ってきて、高速道路をくぐると、しばらくして止まった。乗務していた3人の警察官のひとりが、高速道路手前で停まっていた白いライトバンのことを口にしたからだ。

名神高速・栗東町付近に目印の白布が掲げられた（読売新聞社提供）

「こんな時間に、なぜ、あんなところに停まっているのだろう……」

3人の警官は、さきほど脇を通過した車のところまで引き返し確認してみることにした。Uターンし、駐車中の白いライトバンの隣に横付けしようとしたまさにその瞬間、ライトバンが急発進した。パトカーはあわてて切り返し、方向転換するとサイレンを鳴らしながら追跡するが、不審車両は草津川の堤防上の道路に出るとさらにスピードを上げた。路肩を枯れ草が覆い、やっと車一台が通れる幅員の舗装もされていないこの道路を、白いライトバンは車のライトだけを頼りに漆黒の闇の中をフルスピードで走り抜け、パトカーを振り切っていたのである。

大阪府警の元警部は、この追跡劇のことを鮮明に記憶していた。

「パトカーは、かなり上手に追跡したけど道が狭くて前に出れなんだ。そのとき、逃げる車の向こう側から大型車が来たので、パトカーはこれで挟み撃ちにできると思ったいうことや。ところがこの細い道に1ヵ所、対向車をやり過ごす側道があって、犯人はタイミングよくそこをすり抜けていった。その後、大型車とパトカーが鉢合わせる格好になって、二進《にっち》も三進《さっち》もいかなくなる。パトカーは、この大型車に向かって下がれ、下がれと命じ、やっとのことで側道をすり抜けたものの、すでに見失ったあとやった」

その間、キツネ目の男は、堤防道路から旧草津宿の本陣がある本陣商店街に出ると、草津駅の方向に向かった。そして旧草津川を抜けるトンネルを潜《くぐ》ってすぐの三叉路で、左に急ハンドルを切ると車を乗り捨てている。そこは岩佐薬局の勝手口の前であった。

車から飛び降りた犯人が勢いにまかせて「バーン!」と閉めた車のドアの音を、当時、勝手口に続くダイニングにいた岩佐忠彦《いわさただひこ》は聞いている。同薬局の主人で、病院勤めの歯科医でもあった岩佐は、とっさに「また、ぶつけられたか」と思ったという。狭い三叉路を曲がりきれない車が、よく勝手口付近にぶつかっていたからだ。

当時を回想しながら岩佐は言った。

「ちょうど、犬の散歩から帰ってきたところで、居間で一服していたら、バーン! というごつい音がしましてな。また、誰かの車にぶつけられたかと思ったもんですわ。しばらくして勝手口から外へ出たところ、無人の白いライトバンが停まっていた。いったい、誰の車やろと、あたりを見回していると、3~4分ほどしてパトカーがやってきた。そしてライトバンを見るなり、中から警官が転がるように降りてきたんですわ」

またしても、すんでのところで

犯人を追って本陣商店街に入ったパトカーは、当初、駅とは反対の方向にハンドルを切っていた。犯人の心理として、人通りの多い駅には向かわないだろうと読んでのことだった。しかし商店街を歩いている人に不審車両のことを聞いても、誰もそんな車は見なかったという。それでUターンして、駅方向に向かう途中、乗り捨てられた車を発見したのだ。

パトカーには3人の警官が乗務していたが、ひとりが「ヒット、ヒット！」と叫びながら旧草津川の堤防のほうへと走りだしたかと思うと、もうひとりは、通行人を捕まえて不審な男を見なかったかと職質をはじめた。そしてパトカーを運転していた警官は、無線で本部に気忙《きぜわ》しく報告している。

だが、この時点で、犯人はすでに草津駅に逃げ込んでいた。車を乗り捨てたのち、来た道を少し戻り、流しのタクシーを拾うと、駅までのワンメーターの距離を急がせていたのである。

この日のことが新聞記事となったのは約1ヵ月後のことである。それまで報道協定が結ばれたままで、いっさいの報道が差し止められていたからだ。

「犯人取り逃がしの記事が出ましたやろ。すると、ここいらの人は、その話でもちきりになった。私も商店街の人とあの夜のことを話していると、通りかかったタクシーが停まって、中から運転手さんが降りてきて話に加わりましてな、こう言ってました。わしが、犯人を乗せて駅

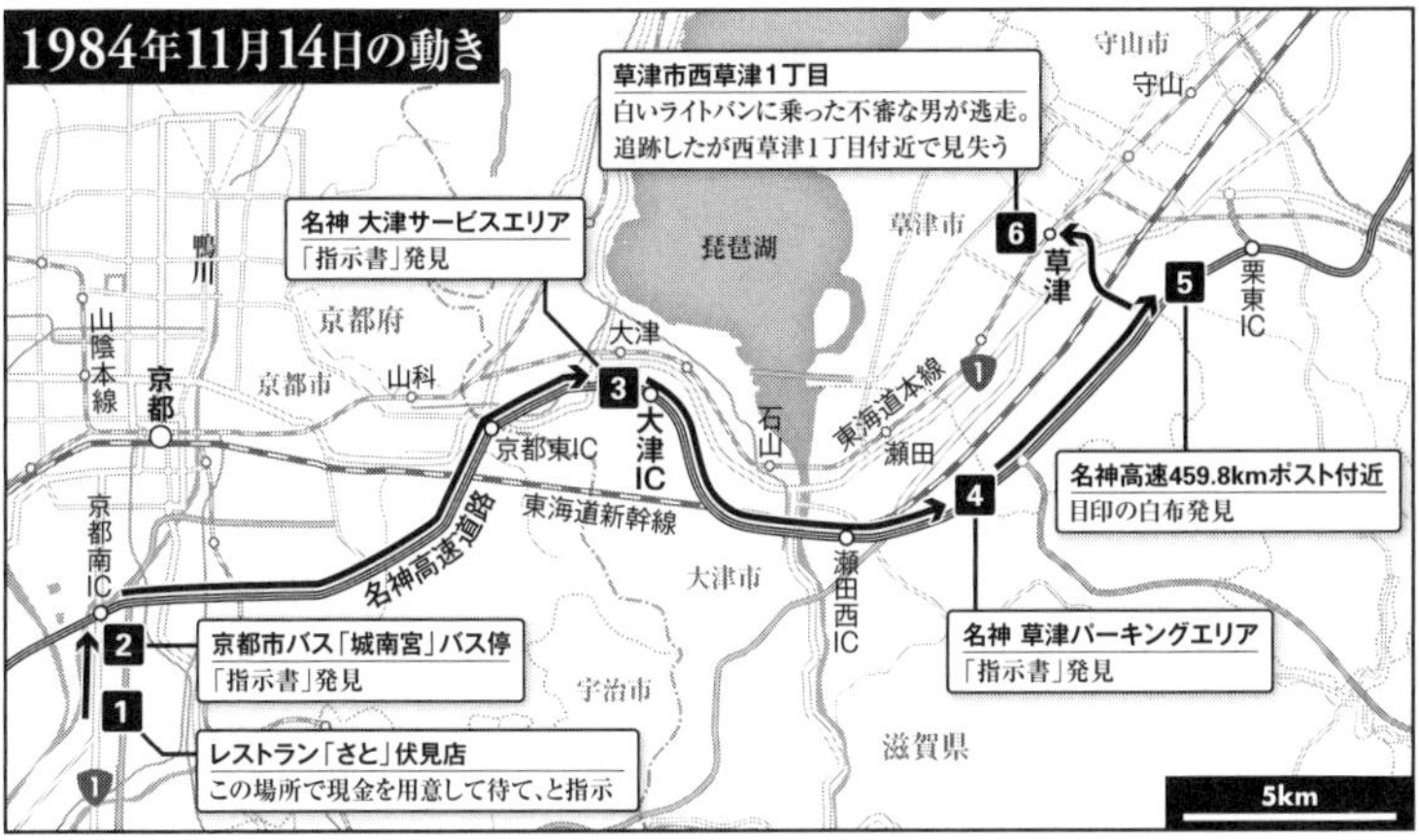

まで行ったんや。お客さんを送った帰りに乗せたんが、あの犯人やったと」

本陣商店街の近くには、料理旅館が複数あり、当時はお座敷に呼ばれた芸者やコンパニオンの送り迎えのタクシーが夜になるとよく行き来していたという。犯人はその一台を、タイミングよく捕まえていたのである。

岩佐の話が続く。

「運転手さんの話では、男は帽子を目深にかぶっていて、草津駅に急いでくれと言うてたそうですわ。午後9時31分発の大阪方面行きに乗ったんでしょうな。これを逃すと次は1時間後でないと電車はないだけに、ずいぶん急《せ》かされたようです」

当時、警察がマスコミに発表した資料によると、滋賀県警のパトカーが栗東インターチェンジ手前の県道で、不審車両に職質しようとしたのが午後9時18分。逃走され、いったん見失った同車両を発見したのが午後9時25分とある。岩佐が居間で「バーン」という音を聞いたのは、パトカーが到着する「3～4分」前、つまり午後9時21分か22分になる。これだと午後9時31分発の姫路行きの電車に飛び乗れたことになる。

追跡劇がはじまった高速道路の高架下の県道からここまでの約4キロの距離を、わずか3分ほどで走り抜けていた計算だ。これは時速に換算して平均約80キロという驚異的スピードである。

街灯もない車一台がやっと通れる程度の道路をパトカーに追われながら、それだけの速度で走っていた。犯人は相当の度胸と運転技術を兼ねそなえていたのである。

警察にとって痛恨事となった滋賀県警のパトカーは、かい人21面相にとってはこのうえない幸運をもたらしていた。この追跡劇によって大阪府警の万全の捜査態勢は機能することなく終わり、犯人逮捕の悲願も水泡に帰しているからだ。

この日のために大阪府警は、犯人の捕捉態勢を強化していた。

捕捉態勢の中心を担う捜査一課特殊班を、遊撃班、先行班、身辺警護班の3班に編成し、遊撃班にはバイクの運転技術に長けた捜査員が集められている。バイク部隊は、指揮官の特別の指示がない限り、それぞれの判断で動いていいことになっていて、彼らは現場捜査員と指揮本部のやり取りを無線で聞きながら、四方八方にバイクを走らせていたのである。

また覆面の捜査車両からなる先行班は、現金持参人が犯人の指示で向かう現場に、常に先回りし、その周辺に捜査網を張っていた。そして身辺警護班は、現金持参人の周りを固め、犯人が飛び出してきたときに備えていた。

彼らには全員に、外からコードが見えるイヤホン型の無線機ではなく、耳の穴にすっぽり入る補聴器型の無線機とネックレスを装着させていた。外からコードの見える無線機だと、すぐに刑事だとバレてしまうため、改良を重ねた最新鋭の補聴器型の無線機が配付されたのである。同時に配られたネックレスには、アンテナの機能が組み込まれていて、ワイシャツの下に着ければ外目には無線機の装着がまったくわからないという仕掛けだった。

少し話は前後するが、ハウスの現金持参人に扮していた捜査員の車が、名神高速道路上を移動し、犯人の指示に従って大津パーキングエリアに到着する7分前、身辺警護班の捜査員が先乗りしていた。午後8時50分であった。この少しあと、先行班として大津から草津方面に覆面車両を走らせていた岡田和磨の無線に「F発見、これから追跡する」という身辺警護班の捜査員の興奮した声が流れてきた。「F」というのは、FOX＝キツネから取ったキツネ目の男の符丁である。

岡田は車を走らせながら、それはおかしいんじゃないかと考えていた。

「一番はじめに『キツネ目を見た』と報告したのはツルさんという捜査員やった。ツルさんが『F発見』と言ったので、特殊班の松田（大海）捜査員が、あの男がキツネ目やろと尾行を始めた。松田さんは、カバンに仕込んだカメラで写真も撮るいうことやった。しかしツルさんいうのは、京都駅でキツネ目の男を尾行した6人の捜査員の中にはいなかったんや。キツネ目の似顔絵は見ていても、本人を見てない。似顔絵を見ただけでほんまに『F』とわかったんかいなというのが、わしの最初の印象やった。それに『F』は、大津サービスエリアの電話ボックスの近くにおったという報告も、おかしいと思った。電話ボックスの近くにいれば、まず捜査員は目をつけるからね。かりに現場におったとしても、脅迫状で指定した白のワゴンが身障者用の駐車場に停まるのをじっと見てればいいだけやから。わしは、車を運転しながら、そんなことを考えていた」

このあと「F」は、高速道路上の大津サービスエリアから、一般道に抜ける小道を使って捜査員の追跡を撒いたことになっている。大津サービスエリアには、歩行者が自由に出入りできる一本の坂道があり住宅街に続いている。住宅街の住民にとってサービスエリア内のコンビニは、食品類や日用品を調達できる店であり、この坂道を使ってしょっちゅう人がやってきては、コンビニで買い物をしているのだ。

後日、岡田は他の捜査員と一緒に「F」が逃げたとされるコースを捜査している。そして、ますますおかしいと思うようになったと続けた。

「ツルさんは『F』が坂道を下りていくのを見たと言うんやけど、話を聞いても、どこを、どういうふうに歩いたか、さっぱりわからん。またこの坂道を使って逃げたとされる時間帯には、坂道の下にある家の前で、車で送ってもらった女性が、恋人の男性と長話をしてましたんや。一本道を下りていくわけだから、アベックとかちおうてもいいのに、このふたりは高速道路から下りてくる人は見ておらない。だから、ほんまに『F』がおったんかという気持ちはもっている」

松田捜査員が「F」の顔を撮ったはずの「二十七枚のフィルムは、駐車場の地面しか写っていなかった」。この日、捜査員たちは極度の緊張にあった。その緊張が、他人の空似を幻の「F」として目撃させていたのだろう。

「F発見」の無線がもたらした多少の混乱はあったものの、現金持参人が大津にあった指示書に従って草津パーキングエリアに向かい、そこで次の指示書を発見したのは午後9時21分ごろだった。その文書を読み上げる声は、デジタル無線機を通し、全捜査員の無線に届けられている。

現金持参人が指示書を読みはじめたとき、先行班の捜査員だった岡田和磨はすでに、草津のパーキングエリアを出て、名古屋方面に向け捜査車両を走らせていた。そして車載無線から流れてくるその指示文書の内容を聞きながら、フルスピードで栗東インターチェンジを目指した。栗東インターチェンジ手前に、犯人の設定した次の現場があると判明したからだ。当時を回想しながら、岡田は言った。

「現金持参人が指示書を読み終えた、ほんまにすぐあとやった。わしの運転する車が、フェンスに括りつけられた白旗の前を通過した。それで白旗発見、場所は草津パーキングエリアから6キロ地点と無線で伝えた。その後、栗東インターチェンジで一般道に下り、途中、道に迷いながらも、どうにか白旗が括りつけられてあった高速の下の県道にたどりついていた」

犯人指定のポイント近くに、岡田が到着したのは午後9時35分過ぎ。現金持参人が到着する10分ほど前のことである。

本来なら、犯人を捕捉できる態勢に入ったことになる。しかし、そこにいるはずの犯人はすでに逃げたあとだった。犯人逮捕のチャンスは、まさにすんでのところで消えていたのである。

「現場」からわずか50メートル

かい人21面相は、この日、ハウス食品に対し、5000万円ずつふたつのバッグに詰め込んだ合計1億円を現金持参人に持たせるよう命じていた。バッグ1個の重さは約5キロ。約2メートルの高速道路の防護フェンスを越えて、放り投げられる重さである。

彼らの狡猾《こうかつ》なところは、この白布のところに次の指示書があると書きながら、実際には置いていなかったことだ。

「犯人は、待機していた車から外に出て、現金持参人に『おい、こっちに放れ』と言うつもりやった」と前置きして、当時、捜査にあたった元捜査幹部は言った。

「犯人の乗り捨てたライトバンには、ごみ捨てに使う新品の黒のビニール袋が10枚残されていた。このビニール袋は、奪った現金を入れるためのもので、別に用意した車に積み込んで逃げるつもりやった。現金持参人の車は高速道路上にあるわけやから、追跡しようにもできないといういうわけや。パトカーに追跡されながら逃げおおせたのも、もともと白旗から草津駅までの堤防道路を、カネを奪ったあとの逃走経路として設定していたからやろ。夜間に何度も走って、道路感覚を身につけていたから、あんなスピードでも走ることができた」

この日の捜査は、東京・霞が関の警察庁でも、刑事局の幹部たちが固唾を呑んで見守っていた。栗東に犯人が現れなかったとの連絡を受け、今日は様子見だったかねえ、そろそろ解散しようかと話し合っていたときだった。警察庁の記者クラブから、滋賀でキンパイ（緊急配備）やってるんだけど、いったい何が起こったのかと問い合わせがあった。

警察庁の幹部は、慌てて滋賀県警に問い合わせている。

「そしたら、いやいや栗東の現場から2キロの地点ですということだった。関係ないということで、大阪府警にも警察庁にも連絡がなかった。ところが途中で現場から200メートルのところにいた不審車両を追っかけたというふうに修正が入り、最後は現場から50メートルと報告があって、ウワッとなった」

この不審車両は、犯人が乗り捨てた車に間違いなかった。車内に残された遺留品には、黒のビニール袋以外にも、大阪府警や京都府警の警察無線の周波数にセットされていたアナログ無線機、白布をフェンスに括りつけたのと同じ針金、針金を切るのに使ったクリッパー、サファリハット、布製バッグなどがあった。

「もしあの日、通常警邏のパトカーが現場に近づかなければ、犯人を確実に逮捕できていた。犯人は、警察無線をアナログからデジタルに切り替えたのを知らなかったわけだから、アナログ無線を聴いていても警察の動きはいっさい入ってこない。ハウスは裏取引をするつもり、と考えていたはず。しかもわがほうは、白布のある高速道路上から下の県道に不審車両を確認すれば、すぐに周辺道路を閉鎖しますから、逃げようがなかったはずなんですね」

こう言って悔しがる大阪府警の元捜査員は少なくない。

実際、キツネ目の男は、この時点ではハウスは警察に届けていないと考えていた。警察に届けていれば、パトカーが職務質問などせず、現金を受け取ったところで逮捕されていたはずだからだ。相当に肝を冷やし、からくも逃げ切ったあとだけに、気持ちを落ち着かせ、精神力を回復させる必要があったのだろう。そこでいったん、ハウスへの脅迫行為を中断することにし、5日後の11月19日、浦上社長宛てに届いた脅迫状でこう断りを入れている。

〈浦上　え
おまえ　ええ社員　もったな
レストランから　白い　はた　まで

2　30　12　30　7　45　6　00や
3か所　5ふん　はじめ10分　かかっても
55分　かからへん
1じかん30分も　かからへんで
いま　森永　あいてに　いそがしい
ひま　できたら　れんらく　する
けいさつ　え　ゆうたら　どおなるか　わかっとるな
かい人21面相〉（1984年11月17日12時〜18時・生駒郵便局管内から投函）

この脅迫状に書かれている数字は、ハウスの現金持参人の車が、それぞれの指示書を置いていた場所まで移動するのにかかる走行時間である。「さと伏見店」から最初の指示書を置いていた城南宮バス停までは2分30秒。ここから次の大津サービスエリアまでが12分30秒。さらに草津パーキングエリアまでが7分45秒。そして白布を括りつけた栗東インターチェンジ手前の防護フェンスまでが6分。これら走行時間の合計に、指示書を探すための時間を加えても55分はかからない。なのに1時間半もかかっている。〈ええ社員　もったな〉と皮肉ったのである。

「最初、僕らも、この数字の意味がわからなかった」

警察庁の元幹部はこう語ったのち、数字が解読できたときの驚きをいまさらながら思い返すのである。

「正直言って血の気が引いていく感じだった。この数字がポイントからポイントへの所要時間だとわかったとき、愕然《がくぜん》とした。ああそうか、あいつら時間をはかっていて、それ以上かかったら出ないのか。だから、これまでも包囲網に引っかからなかったんだと、このとき、はじめて合点がいった」

これ以後改善されるものの、日本の警察のスピード感のなさを実感した瞬間であった。

「人民新聞」が暴露した

警察に届けていないと思っていたハウスが、実は警察に届けていたことをキツネ目の男が知るのは、栗東でパトカーの追跡を振り切ってから約10日後のことだ。

11月25日に京都向日町郵便局管内から、兵庫県警の吉野毅本部長に宛てた挑戦状で、11月14日の栗東での捜査をあてこすっている。

〈犬警の　よしの　え

（略）

せやけど　11月14日は　なさけなかったで

おまえらの　そうさ　あれ　なんや

10年まえから　しんぽ　してへん
丸大や　守口の　ときより　ちょっと　はよなったけど
あれやったら　わしら　つかまらへんで
（略）
わしら　だまされた　ふりして　けいさつの　くんれん　しとるんや
感しゃ　してや
わしらが　1ばん　けいさつ　すきなんや
東大での　増田や　よしのでは　わしら　つかまえたり　できへん
かんぶに　ねんき　はいった　デカ　たんと　つかわんと
わしらの　うごき　わからへんで
（略）
この　手紙　マスコミに　ださへん
また　1つ　かしや
かい人21面相〉（1984年11月25日8時～12時・京都向日町郵便局管内から投函）

この時点では報道協定は解除されておらず、まだ新聞は栗東でのカーチェイスを一行も報じていない。なのになぜ、ハウスが警察に届けているとわかったのか。

11月21日に大阪の主要駅などで配布された新左翼系の「人民新聞」の号外を、キツネ目の男は偶然手にしたか、あるいは誰かから提供されたかして読んでいたのである。「人民新聞」の号外は、栗東で犯人を取り逃がしていた様子をこう報じていた。

「人民新聞社の調査によれば、『かい人21面相』による『ハウス食品脅迫事件』は以下のようなものだ。11月初旬、『かい人21面相』より青酸ソーダ入りカレー（ハウス食品製造）がハウス食品に届く。……21面相より、現金（金額は不明）を用意し、高速道路を走れとの指示あり。滋賀県下の高速道路下で待機中の21面相の仲間を、それとは知らずにパトロール中の滋賀県警の警察官が職務質問。21面相の仲間は直ちに車で逃走。警察は追跡したが失敗。逃走した車は長岡京市で盗まれたものと判明」

このあと、1984年12月10日発売の月刊誌『噂の真相』の1985年1月号は、「人民新聞」を引用しながら、「〝報道協定〟でマスコミが書けなかった〝ハウス食品脅迫事件〟の全貌」との記事を掲載したため、ようやく報道協定は解除された。そしてこの日の夕刻、大阪府警からハウス食品に、実は、犯人を取り逃がしていたとの報告がなされている。

ハウス食品の副社長だった大塚邦彦は、11月14日の栗東での捜査からこの日までの約1ヵ月間、大阪府警から何の説明もなかったことへの不満を漏らした。

「われわれにしてみれば、やっぱり、どないなっとるんかと思いますわね。栗東が捜査のヤマというのがわかってるわけですから。しかしあの日、大阪府警から何の連絡もなかった。連絡のないことに疲れ果て、深夜を回ったところで待機していた役員を帰宅させています。ただ、ひょっとして、このあと連絡あるかもしれんと、僕は会社に泊まりました。宿泊施設はないんですけど日本間がひとつあって、そこで横になったものの眠れんですよ。もんもんとしながら、朝まで過ごしたものです」

翌日以降も、大阪府警からは何の連絡もなかった。それまでは週に何回か、府警の平野雄幸捜査一課長から電話が入り、いろいろな情報提供がなされていたのだが、この14日を境にして、ぱたりと音沙汰がなくなったのである。預けた1億円についても何の報告もない。犯人に取られたのか警察が保管しているのか、まったくわからないまま大塚はジリジリした思いで数日を過ごすことになる。

そこへ、かい人21面相から新たな脅迫状が届いた。栗東から5日後、11月19日のことだ。当時の浦上郁夫社長に宛てられた、〈おまえ　ええ社員　もったな〉という書き出しで始まる先の脅迫状である。警察が犯人を取り逃がしていたことを知って、大塚は愕然とした。

「居ても立ってもいられなくなりましてね。後にも先にも大阪府警に乗り込んだのは、このときだけですよ。しかし平野さんのところへ行き、次に刑事部長の鈴木邦芳さんの部屋に行っても、何も言いよらんのです。奥歯にものが挟まったようなことで、わけがわからない。それで本部長の四方修さんのところへ連れていってもらった」

大塚の証言が続く。

「いまにして思えば、大失態のあとだったから機嫌が悪かったんでしょう。四方さんは、わしらも一生懸命やってんだから任しとけ、という趣旨のことを言われた。だけどこっちは、会社が潰れるかもしれん、と本当に思ってるわけですからね。その表現というか、態度というものには割り切れないものが残った。なぜ、きちんと説明してくれないのかと……」

その後、報道協定が解除されると、大塚はマスコミの取材攻勢を受けることになる。

「ですから、12月10日の夕方5時以降は、俄然《がぜん》、会社の周辺が慌ただしくなってまいりました。ずーっとテレビの中継車が張りついて、質問はというと、犯人と取り引きしたでしょうと、そこから来ますからね。しかも毎回、同じ質問。きわめて愉快でないですよね」

実は、この日の捜査については、省をあげて森永製菓を支援していた農林水産省にも事前に伝えられていた。食品流通局の芝田博審議官を介し、もたらされたものだった。芝田審議官は、東大空手部OBの師範として警察庁に指導に出向いていた関係で、上層部に豊富な人脈を擁していたのである。

当時、食品流通局の消費経済課長として、企業と消費者の調整役を務めていた松延洋平が感慨深げに語る。松延は現在、国際食問題アナリストとして「食品と農業へのバイオテロ」の研究をおこなうとともに、コーネル大学終身評議員を務めている。

「あの日は芝田さんから、夜の11時に局長室に集合するよう局の幹部職員に号令がかかっていた。それまでこの食品テロにどう対応するかと、毎日頭を悩ませ、憂鬱な日を過ごしていましたから、今晩、犯人が逮捕されるので打ち上げ会をやる、祝杯をあげようということでした。それで僕は仕事を終えたのち、同僚と有楽町のガード下で一杯やって、帰りの終電を気にしながら午後11時に局長室に入っていったら、局長からこう言われたものです。ご苦労さんでした。実は、犯人を取り逃がした。打ち上げ会は取り止めます」

キツネ目の男は、このあと、ハウスへの深追いを思いとどまり、犯行の戦術を根本から変更しているのだが、大阪府警がそのことに気付いた時にはすでに遅く、犯人は脅迫企業からカネを取ったあとだった。

6——虚勢の果て

滋賀県警本部長の悲劇

キツネ目の男は、途方もない言いがかりをつけては、自らの犯行の正当化をはかっていた。悪いのは菓子メーカーだから、カネを取られて当然とする子供じみた難癖のつけ方は、〈かし会社の　えらいさん　え〉と題したマスコミ宛ての挑戦状によく表れている。

〈わしらと　おまえらと　どっちが　わるや　おもう
わしら　わるや　わしらが　ゆうとるんや　まちがい　ない
おまえら　おまえらの　こと　わる　おもおとらんやろ
ええもんの　よおな　顔して　世の中　だましとるや　ないか
かしさえ　うれおったら　世の中の　もん　むしばに　なっても
とおにょうに　なって　も　かまへんのやろ
あこぎな　商売　やで
バレンタイン　なんの　こっちゃ
（略）
わかい　女が　5人も　10人も　チョコレート　おくりおって
みんな　パンパンと　おなしや　ないか

おまえらが　世けんの　女　みんな　パンパンに　してもうたんや
（略）
0・4グラム　いれたの　全国に　ばらまいたる
チョコレート　おくるあいてに　ほけんかけ
バレンタイン　ふたりそろって　あの世ゆき
めをむいて　ペコちゃんポコちゃん　はかのなか
（以下略）
かい人21面相〉（1985年2月12日・名古屋郵便局管内から投函）

何事も自分に都合よく解釈し、自己正当化に汲々としてきたキツネ目の男は、自らが引き起こしたグリコ森永事件で犠牲者が出たことについても、涼しい顔を決め込んでいたはずだ。俺が手を下したわけではない。本人が勝手に死んだだけやないか。そう嘯《うそぶ》くのがせいぜいであったろう。

キツネ目の男の犯行によって、死に追いやられたのは滋賀県警本部長の山本昌二《やまもとしょうじ》であった。山本は、40年間勤め上げた警察人生において、ノンキャリアとして栄達を極め、勇退時には最高級ポストである警視監の辞令が内定していた。その着任の直前、59年の人生に焼身自殺というもっとも苦しみの多い方法で幕を引いたのである。苛酷で悲しい選択は、かい人21面相を取り逃がしたことへの自責の念があったとされている。

ハウス食品から1億円の「身代金」を奪おうと姿を現したかい人21面相に、滋賀県警の通常警邏のパトカーが職務質問しようとしたことで、鉄壁の捜査網に誘い込んだ犯人を、わざわざ網の外へと追いやってしまっていたのである。

先にも触れたように、この日、警察庁以下、大阪府警、兵庫県警など7府県警本部では、カネの受け渡し現場となる名神高速道路付近にパトカーを近づけないという方針を決めていた。パトカーを見れば、犯人は警戒して犯行を中止してしまい、捜査網の中に誘い込んだとしても現行犯逮捕できなくなる。その重要方針を滋賀県警は、刑事部の幹部には伝えていたものの、現場のパトカー要員にまで徹底していなかった。保秘を重視するあまり、パトカー要員から捜査情報が漏れる可能性を心配したのである。県警の最高責任者だった山本本部長は、その連絡不徹底の責めを一身に負うことになった。

生前の山本をよく知る元北海道警察旭川方面本部長の川畑久廣が、いかにも無念といった表情を浮かべながら回想する。

「滋賀の草津市で犯人に逃げられた翌朝、山本さんから私に連絡があった。夜寝ていたら電話で叩き起こされ、長時間にわたって警察庁幹部から叱責されたということでした。逃走したライトバンがグリコ森永事件と関係あるとは思わなかったので、いろいろ手配が遅れ、取り逃がしてしまった。迷惑をかけてすまなかったと謝罪されました」

川畑も、山本と同じくノンキャリアの警察官から、最後は警視監に上りつめた「推薦組」のひとりである。推薦組というのは、ノンキャリアの中から、とりわけ優秀で捜査能力や事務処理能力に長けた警察官をキャリアポストに抜擢し、その後の勤務成績によって、さらに上へと引き上げていく人事制度である。川畑は当時、近畿管区警察局の保安部長として、グリコ森永事件の捜査を監督する立場にあった。

沈んだ声で、苦しげに話す山本に対し、川畑は、滋賀県警にすべての責任があるわけではないので、そんなに気に病むことはないと慰めた。しかし、その後の目まぐるしい事件の展開が、山本の精神的打撃を倍加することはあっても、気力を取り戻させる時間的余裕を与えることはなかった。

かい人21面相はこのあと、警察の捜査を攪乱するため、以前に増して騒ぎ立てているからだ。警察の目を森永製菓に釘付けにしておこうと、10月31日と11月17日の脅迫状で森永製菓に裏取引に応じるよう求め、その意思確認として二度にわたって新聞広告を出させている。しかしこれは、いかにも森永に執着していると思わせるためのトリックだった。先にも述べたように、その後、カネの受け取りについての指示はなく、それっきりとなっている。

また12月7日には、新たに不二家に脅迫状が送り付けられるなど、事件が拡大する様相を呈したため、近畿管区警察局の各府県警の2月の定期異動は半年凍結されることになった。この「凍結人事」によって、山本はさらに精神的に追い詰められていく。年度末の3月で退任し、ようやく孫とのんびり遊べると楽しみにしていたところ、退任は8月まで延期となった。

「夫は、退任が延びてからの半年間、針のむしろに座らされているようでした。日常の様子から、私にはそう感じられました」

これは、山本が自殺する1ヵ月ほど前、山本夫人と一緒に京都旅行に出かけたある女性が、旅先で夫人から聞かされていた言葉である。

凍結されていた人事がようやく解除され、勇退の辞令が下りた日、山本は、琵琶湖を望む高台にある本部長公舎の庭で灯油をかぶり焼身自殺した。1985年8月7日午後5時過ぎのことだった。

殴り書きの遺書

自宅のソファーに長身のからだを深く沈めて語る川畑は、当時を思い出すたび、感情は非常に苦々しいものになると打ち明けた。

「山本さんの極度の精神衰弱の徴候は、自殺の約2ヵ月前から表れていた。その徴候を見逃していたことを思うと慙愧《ざんき》に堪えない」

グリコ森永事件とほぼ並行して発生した山口組と一和会の抗争劇が、このとき、滋賀県下にも飛び火していた。山口組の竹中正久《たけなかまさひさ》四代目組長が、一和会系組員に拳銃で射殺された事件の初公判が大阪地裁で開かれた翌日の5月26日、栗東町の一和会系暴力団事務所に、山口組系組員が4トントラックで突っ込む「特攻」が決行された。このとき、警戒にあたっていた機動隊員が、バックで突っ込んできたダンプに撥《は》ねられケガをするという事態が発生したため、山本は、警察庁刑事局暴力団対策官を務めたことのある川畑に、立ち番にあたる機動隊員の配置状況を相談したのである。

山本からの電話を受けた川畑は、翌5月27日、滋賀県に出張している。滋賀県警の本部長車で、山本と一緒に県下の組事務所を視察して回り、さまざまなアドバイスを与えた。その視察を終え、県警本部に戻った午後6時過ぎのことだった。

すぐにも大阪の近畿管区警察局へ帰ろうとしたところ、話があると、山本に引き止められたのである。

「何の話かと思ったら、突然、乃木希典《のぎまれすけ》大将の話をしだした。郷土（長州）の先輩として大変尊敬しているんだと、生い立ちから説き起こし、こんなところがいい、あんなところが魅力的だと乃木大将を絶賛する。なんで、いきなりそんな話をするのか、わけがわからなかったが、彼は興奮して話し続けていた。1時間くらい話を聞いていたけれど、この忙しいときにとの思いが先立ち、私の運転手も帰さないといけないからと言って席を立った。

しかしもう少し、山本さんの話に耳を傾けるべきだった。そうすれば、乃木大将の『軍旗紛失』の話が出ていたかもしれないと思うのです」

乃木大将は、若い少佐時代、西南の役で明治天皇から預かった軍旗を西郷軍に奪われていた。その自責の念が、35年後、明治天皇の崩御のあとを追って殉死した原因とされている。

「軍旗の話が出ていれば、さすがにピンときた。死ぬ気でいるのがわかれば、もっと精神的なケアができたと思うんです」

さらにもうひとつ、川畑は、山本の自殺の徴候を見逃していたと後悔することがある。勇退の2日前の8月5日に行われた送別会に、山本が欠席したことだ。

近畿管区内の上級幹部の勇退は、この夏、山本と近畿管区警察局長のふたりだけだった。送別会には、近畿5府県警の本部長、管区警察局の各部長、管区警察学校長が集まり、ふたりを囲むことになっていた。その前日になって山本は、突如、体調不良を理由に欠席を伝えてきたのだ。

川畑の話が続く。

「山本さんの会なのに、なんで欠席するんだと非常に奇異に感じた。それで山本さんとは警察大学校同期の管区公安部長に、私はこんなお願いをした。体調がすぐれないのであれば、酒を飲まなければいいのだから、ぜひ、出席するよう電話で説得して欲しいと。しかし、山本さんは行けないと譲らなかった。仕方なく、われわれは管区警察局長だけを囲んだのですが、このとき、すでに自殺の覚悟を固めていたのかと思うと、そのことに気付かなかった自分がふがいない」

正式に滋賀県警本部長の職を解かれ、警察庁警務局への辞令（勇退予定）が発令された8月

7日、山本は、県警幹部を前に退任のあいさつをおこない、次いで県警総務課長を伴って県庁、検察庁、裁判所、各報道機関などへの挨拶回りに出かけている。そして午後5時過ぎ、本部長公舎に帰宅すると、夫人に髪をセットするようにと美容院に向かわせた。午後6時から総務課長夫妻と4人で食事をすることになっていたからだ。そしてその間に、覚悟の自殺を決行していたのである。

公舎裏の庭で黒焦げになった山本の遺体を最初に発見したのは、美容院から帰宅した夫人だった。そばには空になった灯油のポリタンクが転がっていて、遺体からは黒い煙が燻《くすぶ》っていたという。

夫人と、ふたりの県警幹部宛てに、黒のボールペンで便箋に殴り書きした遺書が三通残されていた。判読不明の部分が多かったが、夫人宛てのものには「大変迷惑をかけた。子供や孫のことをよろしく頼む」という趣旨のことが書かれ、ふたりの県警幹部には「警察組織には大変世話になった。葬儀ではくれぐれも警察に迷惑がかからないように」とあったという。

通夜は、翌8月8日、本部長公舎でおこなわれた。折から、「びわ湖大花火大会」の当日と重なり、打ち上げられた花火が公舎を夜の闇のなかに照らしだし、見物客の歓声が風に乗って届けられた。その賑わいが、いっそう遺族や参列者の悲しみをかき立てた。

いままでは運が良すぎた

保秘の重視が生み出した小さなひとつのミスは、ひとりの本部長を死に追いやるほど、日本の警察に、過去、経験したことのない重圧を与えていた。だからこそ、山本の自殺をめぐっては、グリコ森永事件とは関係のない、滋賀県警が抱えていたスキャンダルに起因するとの説が、一方で流布されることになるのだろう。

元警察庁のキャリア官僚のひとりが言う。

「その噂も聞きましたがね、私は、グリコ森永事件で犯人を取り逃がし、精神的に追い詰められたんだと思うんです。というのは、彼は叩き上げだ。叩き上げで本部長にしてもらったということは、大変な名誉です。しかも警察庁長官の秘書室長もやっている。このポストは叩き上げのなかでも非常に優秀な者でないとなれない。その職務を無事勤め上げたのち、本部長をやって勇退というのが慣例だ」

元キャリア官僚の話が続く。

「本部長というのは、キャリアとちがってノンキャリアの人はほとんどなれない。その警察を代表するひとつの地位に、自分が選ばれて就かせてもらった。なのに、あの事件で恥をかいてしまい、どのツラさげて本庁に帰れるか、という気持ちになったんだと思う。そういう意識は私らと違う。ノンキャリアは心理的に追い詰められやすいんだ」

さらに、別の元警察庁のキャリア官僚は、意を決したようにこう語った。

「深層心理として、グリコ森永事件ではなく、別の案件で死んだというふうに考えたい人もいるんだよ。グリコの捜査の失敗で死んだんじゃないということで、自分が精神的に助かるという人がいる。警察庁の当時の幹部の中に」

実際、山本はその幹部から厳しく叱責されていた。何度も会議を開いて、あれだけ捜査方針を徹底してきたはずが、部下の監督が何もできていないではないか。時に、人格を攻撃する数々の言葉を浴びせられたその上司に、東京でどう対面すればいいかと思い悩んでいたとすれば、最後の一線を越えるきっかけとなった可能性は少なくないように思われる。

はたして、家族は、山本の自殺をどう受け止めているのか。警察組織が抱えるタテ社会の矛盾に対し、そしてかい人21面相に対し、どんな思いを抱いているのか。

埼玉県の郊外、閑静な住宅地に建つ二世帯住宅に、取材当時87歳だった高齢の夫人を訪ねてみた。しかし、何度訪ねても門扉は固く閉ざされ、開けられることはなかった。

たまたま外出先から帰宅した家人のひとりと、玄関前で出会ったこともあった。しかし声をかけようとした瞬間、女性の表情に緊張が走り、逃げるように家の中へと消えた。

「母は、ここには居りません。どうか……」

インターホン越しに絞り出すような声で語ったのち、彼女は黙りこんでしまった。

キツネ目の男は、山本の自殺から5日後の8月12日、〈国会ぎいんの　みなさん　え　2〉

と題した挑戦状をマスコミに送りつけ、犯行の終結宣言をおこなった。自己顕示欲の強いキツネ目の男らしく、高みから国会議員を見下ろすかのようにからかい、山本の死について不遜なセリフを吐いていた。

犯行の終結宣言の冒頭で述べている〈わしらの　法りつ〉とは、半年前、自民党のプロジェクトチームが議員立法案としてまとめ、国会で審議されていた「食品流通品への毒物混入罪」のことである。現行法の懲役3年以下から、懲役10年以下へ厳罰化する法案が、いまだ成立していないと皮肉ったのである。しかしこの法律はその後、１９８７年9月26日に「流通食品への毒物の混入等の防止等に関する特別措置法」として成立、公布されている。

〈国会ぎいんの　みなさん　え　2
あんたら　わすれっぽいな
わしらの　法りつ　どないなっとるねん
はよ　死刑いりの　つくってや
しが県警の　山もと　死によった
しがには　ナカマも　アジトも　あらへんのに　あほやな
（略）
たたきあげの　山もと　男らしうに　死によった　さかいに

わしら　こおでん　やることに　した
くいもんの　会社　いびるの　もお　やめや
（略）
くいもんの　会社　いびるの　やめても
まだ　なんぼでも　やること　ある
悪党人生　おもろいで
かい人21面相〉（1985年8月11日8時～12時・摂津郵便局管内より投函）

死者をも侮蔑するこの文章は、精一杯の虚勢の上に成り立っている。キツネ目の男は、山本本部長の自殺に動揺し、うろたえたはずである。そして仲間のメンバーを前にこう説いていたのだろう。ここいらで終わりにしよう。いままでは運が良すぎた。これ以上動いたら、今度こそ運のしっぺ返しがあって、簡単に捕まってしまう――。

犯行を停止したことで、彼らは時効の壁の彼方へと逃げ切ることができたのである。

7――キツネ目と仲間たち

かい人21面相のメンバーでは、キツネ目の男とビデオの男が広く知られている。ファミリーマート甲子園口店に青酸ソーダ入り「森永缶入りドロップ」を置く男の姿を、店内の4台の防犯カメラが捉えているが、それがビデオの男である。

この男は、一貫してカメラの前では顔を上げることなく、カメラに向かって正面から歩くこともなかった。顔を正面から捉えた映像がなかったため、有力な情報は寄せられなかったが、缶入りドロップを棚に置く映像から、身長が170センチ弱であることがわかっている。鑑識課が、映像から解析した男の頭の位置まで、天井に設《しつら》えたカメラからタコ紐を引っ張ってきて計測したのである。

キツネ目の男とビデオの男

キツネ目の男の身長は、似顔絵を描いた捜査員たちによって178センチ前後と確認されているので、ビデオの男とキツネ目の男は別人である。

このふたり以外では、脅迫企業への指示書を読み上げる声が録音された35歳前後の女と、同じく声が録音された10歳前後の男児、そして言語障害のある10歳前後の男児に加え、江崎社長を拉致したときの運転手役の男の、4人が確認されている。従って、かい人21面相のメンバーは、少なくとも6人はいたことになる。

彼らのなかには、「製図作業の経験者」で「美術に関係のある」仕事に就いていた者がいたことを、合同捜査本部は特定している。

「合同捜査本部は……青酸混入菓子を詳細に分析した結果、化学薬品のリムーバー（はく離剤）を使ってセロハンなどの包装をはがし、中の菓子に青酸ソーダを混入したとの見方を強めた。リムーバーはイラスト、デザインなど商業美術専門家が多用している常備品のひとつ。犯人グループがこれまでにも〝挑戦状〟作成に製図用ペンを使っていることなどから、合同捜査本部は、グループの中に商業美術に関係のある人物がいるのではないかとみて割り出し捜査を急ぐ」「キャラメルなどのセロハン包装はきわめて薄いため、針やカッターナイフで開けると必ず破れ目ができる▽水や湯気を当てるとセロハンが収縮して元に戻らない▽シンナーで接着部分を溶かすと箱の塗装まで落ちる――など、どの方法にも欠陥があることがわかった。

ところが『ペーパーセメントはく離剤』として市販されているリムーバーを、接着部分に塗布した場合だけ包装が無理なくはがれ、箱にも痕跡などが残らなかった。

リムーバーはシクロヘキサンなどの有機溶剤を主成分とする液体状の化学薬品。イラストやデザインなどの商業美術の分野で、パネルにいったん張りつけた写真や文字を動かしたり、ポスターや広告原画の位置決めをするのに使われる」（『毎日新聞』１９８４年11月８日付夕刊）

「製図用ペン」を使った挑戦状のひとつに、相合傘の絵の下に警察庁の鈴木貞敏長官と大阪府

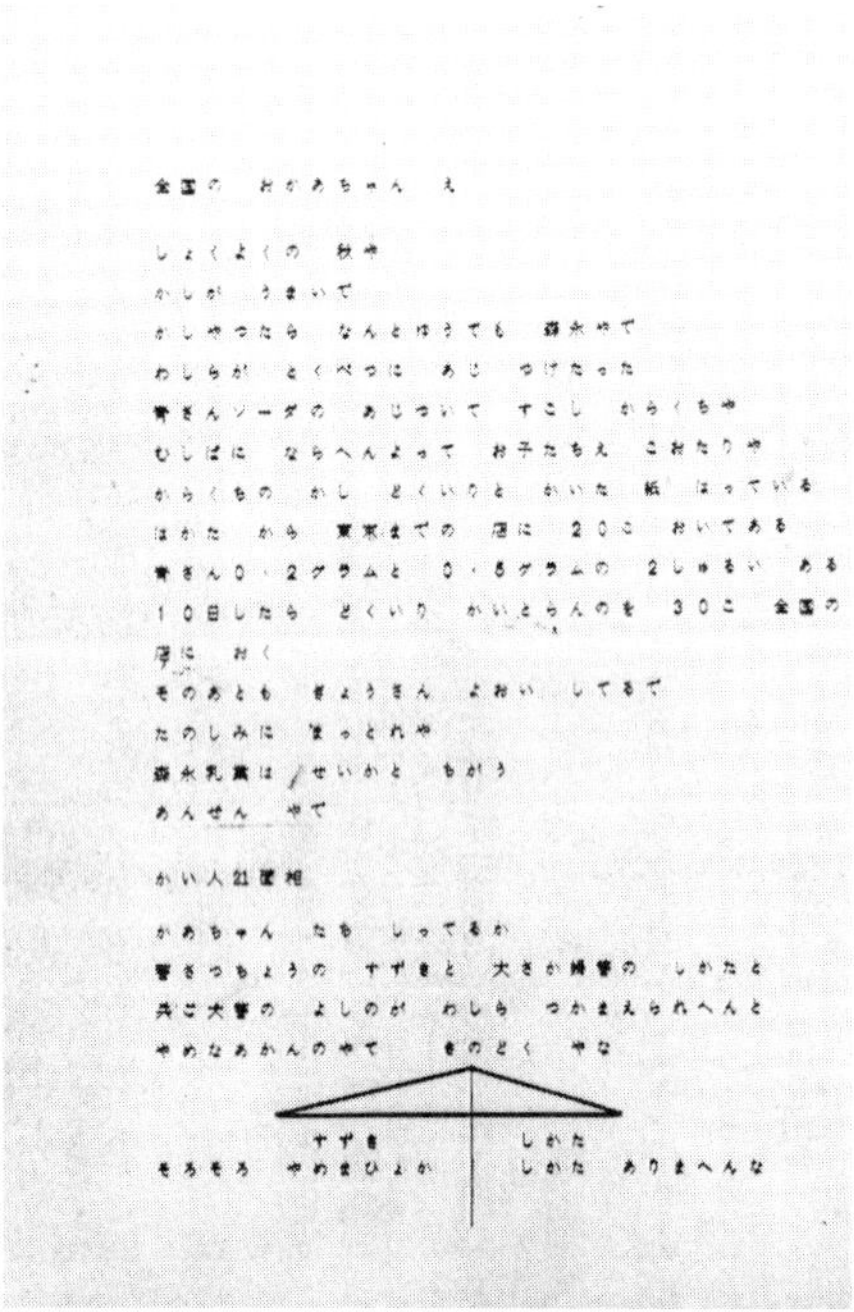
全国の　おかあちゃん　え

しょくよくの　秋や
かしが　うまいで
かしやったら　なんと　ゆうても　森永やで
わしらが　とくべつに　あじ　つけたった
青さんソーダの　あじついて　すこし　からくちや
むしばに　ならへんよって　お子たちえ　こおたりや
からくちの　かし　どくいりと　かいた　紙　はってある
はかた　から　東京までの　店に　２０こ　おいてある
青さん０・２グラムと　０・５グラムの　２しゅるい　ある
１０日したら　どくいり　かいとらんのを　３０こ　全国の
店に　おく
そのあとも　ぎょうさん　よおい　してるで
たのしみに　まっとれや
森永乳業は　せいかと　ちがう
あんぜん　やで

かい人21面相

かあちゃん　たち　しってるか
警さつちょうの　すずきと　大さか府警の　しかたと
兵ご県警の　よしのが　わしら　つかまえられへんと
やめなあかんのやて　きのどく　やな

そろそろ　やめまひょか　しかた　ありまへんな

10月８日、報道機関に届いた脅迫状（読売新聞社提供）

警の四方修本部長の名前を記入し、〈すずき　そろそろやめまひょか〉と揶揄し、〈しかた　しかた　ありまへんな〉と愚弄したものがある。描かれた相合傘は、「鉛筆やボールペンでなく、製図作業に使う、ペン先の太さが〇・三ミリの製図用筆記具」であったことがわかっている。

しかし「製図作業の経験者」で「美術に関係のある」者の割り出し捜査は、空振りに終わっていた。

容疑者の取っ掛かりを摑みながら、自ら捜査を潰していたものもあった。電話の声の「35歳前後の女」についての捜査である。実は、この女についてはモンタージュ写真が作られていたのだが、まったくと言っていいほど活用されなかった。

確認できた限り、唯一、読売新聞（大阪本社版）が一面トップで、この女の特徴とともに、十《と》朱《あけ》幸《ゆき》代《よ》似のモンタージュ写真が作成された経緯を報じていた。

「身長一・六〇―一・六五メートル。髪は肩までのセミロングでパーマがかかっていた。濃いマユ、大きな目で鼻筋の通った色白美人。目撃されたのは、名古屋市千種《ちくさ》区の千種郵便局管内のポストと、隣接の同市中区内のポスト近く」「青酸入りの一個が名古屋郵便集中局で郵便物仕分け中、自動選別機からはじき出されて見つかり、十二日午後二時三十分からの四時間に同市千種区の千種郵便局前のポストに投げ込まれていたことが判明」「愛知県警がこのポスト周辺で聞き込みを進めたところ、投かん時間帯に袋を持ったこの女性があたりを見回しながら二、三度ポスト前を通り過ぎたあと、袋の中のかさばった封筒などをポストに投げ入れ、急いで立ち去っていた。同市中区のポストでは、五十九年十二月二十六日、中部読売新聞社などにあてた『全国の　すいりファンの　みなさん　え』という十五通目の挑戦状が投かんされているが、この女性はこの時もポスト近くで目撃されていた。このため、捜査本部はこの女性を『犯人の可能性がある不審な女性』と重視、警察庁の指示を受けて複数の目撃者に事情聴取を繰り返し、証言をもとにモンタージュ写真を作った」（１９８６年9月16日付）

この不審な女と同じく、電話の声が録音された10歳前後の健常児は、その声の調子から「母子のような、ごく親しい関係とみられている」。合同捜査本部では、キツネ目の男とこの女は夫婦で、ふたりの間に生まれたのが10歳前後の男児と見立てた。そしてこの家族と親族関係にある者のなかに、ビデオの男、言語障害のある10歳前後の男児、そして運転手役の男がいたと考えていた。

モンタージュの女

しかしなぜ、女のモンタージュ写真は、キツネ目の男ほど広くメディアで取り上げられなかったのか。近畿管区警察局の元幹部は、私の質問を遮り、「それよりも、なぜ、キツネ目の男の似顔絵が公開されたかを知っておく必要がある」と言った。

「かい人21面相の犯行は、休日に集中していて、平日におこなうときでも夜に限っていた。このことから大阪府警は、キツネ目の男は勤め人と見立て、朝のラッシュ時間帯に主要駅や高速道路のインターチェンジなどに捜査員を張り込ませていた。キツネ目の男に絞って犯人を探す『人定掘り下げ捜査』をおこなっていたわけだが、この正確度90パーセント以上という似顔絵を公開するという話が出た時、公開すれば手持ちカードがなくなりノーツールになってしまう。私は、近畿管区警察局の会議で、公開しないほうがいいと言ったがダメだった。公開すれば、犯人は当然、警戒するわけで、実際、その日を境にキツネ目の男は姿を消してしまった。企業に裏取引を持ちかけはしても、カネを奪いに姿を現すということはなくなったわけで、これでは逮捕のしようがない。一方で、似顔絵に似ているという情報が多数提供され、その裏付け捜査に忙殺され、本来の捜査ができなくなったのです」

キツネ目の男は、似顔絵が公開されると、読売新聞に宛てた1月16日の挑戦状で〈わしら　みんな　男まえや　あんな　ぶさいくな　かお　してへんで〉〈わしらの　かおやったら　もっと　男まえに　かいてや〉と述べている。警察をからかう余裕をみせながら、あえて似ていないと言わざるをえなかったほど、本人の特徴を捉えていたということだろう。

脅迫テープの女か

モンタージュ写真

「捜査の切り札だ」

グリコ事件　身内で固めた?一味

21面相グループの首謀者

ビデオの男

キツネ目の男

▲脅迫テープの男児

モンタージュの女

◀脅迫テープの女?

グリコ・森永事件をひときわ特異なものにしていた女の影。十五日、明らかとなったモンタージュ写真は、ナゾに包まれていた一端を初めてあぶり出した。「21面相」グループは、昨年八月以来ぷっつりと動きを止めているが、捜査当局は、写真の女性が脅迫テープの声の女と同一人物の疑いが強いとみており、この最後の"切り札"を持って必死の追跡を続けている。固い結束力を示すグループの中で、女はかなめの存在。市民からの確かな情報がキツネ目、ビデオの男の捜査と重なり合えば、と期待は大きい。

犯人グループは挑戦状で七人組だといっているが、捜査当局では、リーダー格の年配の男をはじめ「キツネ目の男」「ビデオの男」「脅迫テープの女」ら五、六人程度とみている。

事件発生から二年半、兵庫、大阪など各府県警の捜査本部がじゅうたん捜査などで懸命に調べているが、この大捜査網をくぐり抜けているのは、グループの結束が強く、ほとんどを身内の者で固めているためと推定される。

女は、五十九年四月二十四日、江崎グリコへの取引指示テープで登場した。一億二千万円を大阪府豊中市上津島のレストランに持参させてから同社に「名神高速道路を八十五㌔で吹田サービスエリアへ走れ。京阪レストランの左側のたばこの自動販売機の上に手紙がある。手紙の通りしろ」と指示する声だった。

朗読などに慣れていて、あらかじめ用意した文章を落ち着き払って読みあげたのを録音していた。アクセントなどから群馬、埼玉、千葉県付近の出身ではないかといわれている。

この声は、同年九月十八日に森永製菓との一億円取引で使われた指示テープの男児の声とともに翌月十一日、公開手配された。女と男児は姉弟か母子のような、ごく親しい関係とみられている。男児が名古屋か岐阜県南部の出身ではないかと指摘されていることから、声の女と名古屋

1986年９月16日付読売新聞紙面

大阪府警捜査一課の特殊班班長として、事件発生当初から実質的な捜査指揮をとってきた鈴木建治もまた、２０１１年5月6日に私が奈良県生駒郡の自宅を訪ねた際、キツネ目の男の似顔絵はトップシークレットとして捜査一課長の平野雄幸にも見せなかったうえ、警察庁にも秘匿していたと明かした。

「現場指揮の総責任者は私

だったから、はっきり言えるのは、似顔絵を作成したのち特殊班以外には渡さなかった、他の捜査員には持たせなかったということですよ。一課長の平野さんも知らなかったんだから。特殊班以外で似顔絵があるのを知っていたのは数名の幹部だけで、その数名からジワッと漏れていった。それで平野さんに、何を隠してるんやと問い詰められましてね、84年の暮れでしたわ。本庁に報告したのはそのあとです」

元警察庁の幹部によれば、「『ビデオの男』について別角度の映像があるという話が流れてきたので、それを出せと言って出させたら、『キツネ目の男』の似顔絵だった」という。

先の「人定掘り下げ捜査」は、特殊班と捜査班（殺人事件等を担当）の刑事でペアを組み、ターミナル駅の乗降客やインターチェンジの通過車両の中にキツネ目の男がいないかチェックさせていたのだが、捜査班の刑事には、モンタージュ写真を持たせなかったばかりか、どんな特徴の男を捜しているのかさえ伝えられなかった。ただ案山子《かかし》のように立っていただけだから、やる気をなくしただけでなく、特殊班と捜査班の間に埋められない溝ができたという。

しかしなぜ、大切な切り札を捨て札のように扱ったのか。近畿管区警察局の元幹部は、苦虫を嚙み潰したような顔でこう言った。

「警察庁長官が、現場の捜査員を督励《とくれい》するため大阪に来たからですよ。警察庁から偉いさんが来たのに、何も公表するネタがないと新聞記者たちも困るので、お土産として出した。長官の顔を立てるため、捜査の進展をアピールする材料としたのです」

実際、鈴木貞敏長官が、大阪府警に到着した1985年1月11日の新聞各紙の朝刊一面は、前日に公表されたキツネ目の男の似顔絵で埋め尽くされている。

女のモンタージュは、これとは正反対の理由から、メディアでほとんど取り上げられなかったのである。大阪府警の元捜査幹部は、「女のモンタージュ写真は、みんな相手にしてなかったわ」と口にすると、こう言い添えた。

「あれは愛知県警が作ったん違うかな。ウチで作ったんやったら別やけど、あれ、捜査も何もしてないわ。モンタージュもろうただけ。要は、信用できん言うわけや」

府県と県警のライバル意識、縄張り意識が、有力な証拠であるはずのモンタージュ写真をお蔵入りさせていたのだ。捜査の主導権を握っていた大阪府警が、信用できないとのレッテルを貼れば、府警担当の新聞記者や放送記者たちも興味を示さない。女のモンタージュ写真が広く流布しなかったことは、かい人21面相にとって数多い幸運のひとつだった。

3年前の「ダイエー脅迫事件」

かい人21面相の犯行の跡には、いくつかの特徴が鮮明に残されているが、そのひとつがダイエーとの位置関係である。

『経済白書』が「もはや戦後ではない」と謳った翌年の1957年、大阪市旭区の商店街の一角に開店した「主婦の店・ダイエー薬局」は、ディスカウントショップとして話題を呼び、小売業界に流通革命を巻き起こした。またたく間に全国展開を果たし、万博景気や列島改造ブームの波に乗った１９７２年には三越を抜き、小売業日本一を達成。この年から76年までの５年間で店舗数を倍増し、売上高も３００５億円から７８８５億円へと躍進させている。大企業の仲間入りを果たしたのである。

この「店舗倍増計画」によって新規オープンした店や関連施設の周辺において、不思議なことにグリコ森永事件の犯行の多くが展開されていた。これをどう捉えればいいのか。大阪府警捜査一課の元幹部に尋ねると、そこに犯人の土地カンがあったに違いないと答えた。

「一般的に犯罪をおこなう際、犯罪者がもっとも頼りにするのが土地カンや。流しの強盗犯ならいざしらず、グリコ森永事件のような場面展開の伴う連続企業恐喝は、それぞれの現場を知っていないと、そもそも犯行計画が立てられるもんじゃない」

さらに元幹部はこう言い添えた。

「土地カンいうものは、一、二度、その場に足を踏み入れた程度で身につくものではない。何らかの縁のある土地で、周辺の地理や交通量、どこに抜け道があってどこに行けばタクシーが拾いやすいかなど、実にさまざまな情報を長いこと空気のように吸い込んでようやく身につく。それが土地カンいうもんや」

かい人21面相のリーダーであるキツネ目の男が、ダイエーの周辺に犯行現場を設定したということは、かつてそこにこの男の生活空間、もしくは職場、あるいはその両方が重なっていた可能性がきわめて高いことになる。

合同捜査本部の指揮官が、犯行現場に近接するダイエーの存在に気づき、同社関係者への本腰を入れた内偵を実施していれば、あるいは犯人一味はあぶり出されていたかもしれない。それほど各現場には、ダイエーに関係する人物でなければ残せない足跡が認められるのだ。

拉致した江崎社長を監禁していた水防倉庫は、人の出入りなどほとんどない安威川沿いの堤防道路上にあるが、この川を挟んで直線距離で1キロほど北西方向には「ダイエー茨木食品センター」があった。

同センターは、茨木市の大規模開発地域（横江地区）に1976年に建設着工されたもので、おもに西日本のダイエー各店舗に食品を配送する物流センターである。この地域には、いまでこそ三菱電機、四日市倉庫、紀州製紙などの配送センターや倉庫が立ち並ぶが、それら倉庫群が林立するまでは、ダイエー茨木食品センターがぽつんとあるだけだった。あたり一面は原野に近い状態で、同食品センターから水防倉庫を見渡すことができたのである。

また、江崎社長を拉致したのち監禁先の水防倉庫で与えた菓子パンやビスケットなどは、1972年にオープンしたダイエーくずは店で購入したものだった。

キツネ目の男が、丸大食品への二度目の「身代金」受取場所として指定した京都市伏見区の西浦南公園にしても、1975年にオープンしたダイエー藤森店から徒歩で1～2分のところにある。

さらに言えば、〈どくいり　きけん〉と書いた青酸ソーダ入りの森永製品を置いて回ったスーパーやコンビニ11ヵ所のうち、6ヵ所がダイエーの店舗か同店舗に近接するコンビニであった。しかも、いずれのダイエー店舗も、「店舗倍増計画」の時期に新設されたものだ。

また、グリコを脅迫していた1984年5月には、〈ダイエーの　社長え〉と題した脅迫状を送り付け、グリコ製品を売らないようダイエーから他のスーパーやコンビニに連絡するよう命じてもいた。ダイエーの社長に〈おまえの　とこから　れんらく　しとけ〉という発想は、業界内での情報共有や事務連絡が、おもに業界最大手のリーディングカンパニーによってなされている実態を知らなければなかなか出るものではない。当時のダイエーはその地位にあった。

グリコへの終結宣言を出したときも、ダイエーへの嫌がらせをおこなっている。その宣言にはこう書かれていた。

〈江崎グリコ　ゆるしたる　スーパーも　グリコ　うってええ
青さんいりの　チョコレート　18こ　は　もやしてもうた
1こは　5月9日に　ダイエーイバラキ店え　おいた
どおなったか　しらん
1こは　べつの　店から　5月18日に　とりもどした〉

ダイエー茨木店では、このあと、すでに売り場から撤去していたグリコ製品の全品再検査を余儀なくされている。同店の業務担当次長は、マスコミの取材に答えて「何の異常もなかった。うちでは犯人と思われる者から脅迫その他はまったくない」とコメントするなど、困惑と混乱ぶりが報じられている。

ダイエーとの関係のほかに、見逃せないのが道路だ。

キツネ目の男は、〈どくいり　きけん〉と書いた青酸入りの森永製品をスーパーやコンビニに置いてまわる際、おもに国道171号線を使っていた。この道路沿いには、グリコ森永事件においてもっとも重要な現場のひとつ、名神高速道路の茨木インターチェンジがある。同インターチェンジを起点に半径10キロ圏内には、拉致した江崎社長を監禁していた水防倉庫と3億円を積んだグリコの車を待機させた焼き肉チェーン店「大同門」があり、その「大同門」にカネを受け取りに行かせるため、寝屋川の堤防道路でデートをしていたアベックを襲った現場などがある。

また、青酸ソーダ入りの森永製品を置いて回ったスーパーやコンビニ11店舗のうち、約半数の5店舗がこのエリアに点在しているうえ、同インターチェンジの上り方面出口を出てすぐの上穂積4丁目の「春日のバス停横の電話ボックス」には、丸大食品を脅迫したときの指示書を置いていた。

このバス停から南へ1・5キロほど行くとJR茨木駅に行きつくが、途中の中穂積2丁目には、3億円を積んだグリコの車を待機させたロッテリア茨木店があり、その先の下穂積1丁目の茨木署下穂積派出所には、NHKで森永製菓のドキュメンタリー番組が放送されたあと、〈高木　ええ　男　や　ないか〉〈森永　ゆるしたろ〉と書いた犯行の終結宣言を置いていた。

かい人21面相が使った一連の犯行の手口もまた、ダイエーと切っても切れない関係にある。グリコ森永事件の3年前、何者かがダイエーを脅迫した際、まったく同じ手口が使われていたのだ。まるで予行演習をしたのかと思わせるような事件であった。

1981年5月末と6月初め、ダイエーに3億円を要求する脅迫状が送り付けられた。そこには要求に応じなければ、「都府県ごと一、二店計六店舗に致死量極微の毒薬を商品に注入する実行可能の決心をしている。我々は金が目的で殺人が目的で非ず」と書かれていた。要求に応じる場合は、「アサコ　話ついたすぐ帰えれ　中西」の新聞広告を出すよう指示し、新聞広告が出れば、ダイエーで販売している商品に毒物を入れない。カネの受け渡し日と方法は、後日伝えるとあった。

この脅迫状に続けて、毎日放送、日本テレビ、中部日本放送の三社に「関東、関西、中部のダイエー食品を買った人は食べないよう、テレビやラジオで報道してくれ」との文書も送られている。しかしその後、犯人からのあらたな動きはなく、事件は未解決のまま迷宮入りとなった。

さらに言えば、この脅迫事件の3年前にもダイエーはゆすられていた。借金苦にあえぐテレビやラジオ番組の企画会社社長が、ダイエーに5000万円を要求し、要求に応じなければ「食品に青酸化合物を入れる」として、「神奈川県大和市内にある東名高速道路のバス停近くのマンホールに現金を入れろ」と指示。現場に現れたところを犯人は逮捕されている。

当時、警察庁でグリコ森永事件の捜査をモニターしていた元幹部はこう言った。

「いきなりグリコ森永事件で、高速道路を使った引き回しがおこなわれたのではなく、何か前兆があったのではないか。そう思って調べさせたところ、ダイエーの件が出てきた。非常にひっかかるところがあったので、至急、大阪府警に当時の捜査資料を送るよう求めたのですが、すでに廃棄されていた。捜査を担当したのが吹田署で、改装か引っ越しの際に古い資料を処分してしまっていたとの報告を受けた」

ダイエーに対するこれらの恐喝事件は、新聞で報じられている。キツネ目の男は、それらの記事を参考にしていたか、あるいは本人が愉快犯としてダイエーへの嫌がらせをおこなっていたのかもしれない。

言語障害のある男児

ほかにもキツネ目の男は、1968年公開のスティーブ・マックイーン主演『華麗なる賭け』のトリックも参考にしていたはずだ。大富豪でありながら銀行強盗を働くスティーブ・マックイーンは、犯行の開始時間とその後の逃亡経路を秒単位で計測しておき、その時間通り動くことで警察の追及を振り切っていた。キツネ目の男もまた、現金持参人を待機させていた場所から次の指定先までの移動時間を緻密に計測していて、時間通り現れなければ警察が罠を仕掛けていると判断し、そのヤマを捨てることで逮捕を逃れてきたのである。

もうひとつ注目しておきたいのは、警察をからかう際に詠んでいた戯れ歌だ。事件発生から約1年後、森永製菓への脅迫をやめると宣言した際、キツネ目の男はマスコミに宛てた挑戦状で、〈はなよりも　みのおのさとの　もみじがり　みのひとつだに　とれぬけいさつ〉と詠んでいる。

これは、勅撰和歌集のひとつ、『後拾遺《ごしゅうい》和歌集』に収められている「七重八重　花は咲けども山吹の　みの一つだに　なきぞあやしき」をもじったものだ。

高校の古典の教科書に必ずと言っていいほど収録されているこの和歌をパロディー化していることから、キツネ目の男は高校を卒業後「製図」や「美術に関係のある」学校に進学していた可能性が高い。関西随一の紅葉の名所、「明治の森箕面国定公園」を詠んだのも、箕面に馴染みがあったからだろう。ここは茨木インターチェンジから、国道171号線を使って、途中、小野原《おのはら》か萱野《かやの》の交差点を北上していけばすぐである。

キツネ目の男の脅迫状や挑戦状を、さらに細かく見ていくと、奇妙な特徴があることに気付かされる。大阪府下の公立学校の春休み（3月20日〜4月8日）、夏休み（7月21日〜8月25日）、冬休み（12月26日〜1月7日）の前後で集中して犯行がおこなわれたり、犯行に関するメッセージが出されているものの、休みの期間中は、まったくと言っていいほど動きがないことだ。学校が休みにはいると、近所の住民が子供連れで出かける機会も増えるため、どこで目撃されるかわからないと警戒してのことだろう。

江崎社長を拉致した1984年3月18日の日曜日は春休みがはじまる前々日であり、喫茶店マミーに現金を持参するよう指定した4月8日の日曜日は、春休みの最終日であった。

また、7月21日の土曜日にはジャスコやニチイなどに〈このごろ　わしらの　にせもんがぎょうさん　でおって　わしら　めいわくしとる〉〈にせもんに　金はろたら　あかんで〉と、模倣犯にカネを払わないよう警告状を出しているが、この日から夏休みははじまっている。そして夏休み期間中の約40日間はまったく鳴りを潜め、次に脅迫状を出すのは夏休み明けの9月に入ってからであった。

冬休みがはじまる12月26日、キツネ目の男は〈これが　ことし　さいごの　手紙や　らい年も　15日まで　手紙　ださへん〉とマスコミ宛ての挑戦状を出している。このときも、冬休み明けの1月15日に毎日、読売などに届いた挑戦状で、〈わしら　ナカマ　みんなで　おんせんつかって　ゆっくり　したで〉と書いていた。

そして1985年の春休み直前の3月17日には、大阪城の天守閣に〈かい人21面相　ファン

クラブの　みなさん　え〉と題した挑戦状を置いていたのである。
キツネ目の男とダイエーとの関係、茨木インターチェンジ付近に住んだことがなければ身につかない土地カン、電話の声の女と男児は「母子のような、ごく親しい関係」であり、一族のなかに言語障害のある男児がいて、「美術に関係のある」職業についていた者がいるなど、犯人を絞り込んでいく材料がありながら、合同捜査本部はそれら情報を有効活用することなく、相変わらず現行犯逮捕方針から抜けきれないでいた。

　捜査が袋小路に入り込んでしまった捜査本部は、「市民の協力を得なければならない状況になったとの判断」をし、女の声と健常児の声を公開したが、言語障害のある10歳前後の男児の声は公開しなかった。なぜなのか。当時の捜査員は、その疑問に答えてこう語った。

「障害児の声は、やはり非常に特徴があるし、地域の中でも目立つうえ、養護学校など限られた施設に通うから、録音した電話の声を公開していればかなり有力情報が入ったはず。しかしこれを公表したら、関係のない障害児もいじめられる可能性が心配された。別の意味で社会問題化するからと、公表しないことになった」

　そんなリスクを冒さなくても犯人を逮捕できると考えていたわけだが、いまになって公開しておくべきだったとほぞを噛むのである。

固形タイプの青酸ソーダ

かい人21面相のメンバーの職業については、「美術に関係のある」仕事以外に、メッキ工場の経営者か、メッキ工場で働いていた者が含まれていた可能性が高い。

彼らの犯行はごく初期の段階において、目薬容器に入れた濃塩酸を江崎社長に送り付けたり、水防倉庫近くの橋のたもとに濃塩酸を入れたポリタンクを放置するなど、濃塩酸を小道具として使っていた。ところが途中から、液体の濃塩酸より扱いやすい粉末の青酸ソーダを使いだすのだが、このふたつの「毒劇物」を使用するのがメッキ工場である。

濃塩酸は、おもに非シアン系の亜鉛クロメートメッキ施設で使われる劇物で、青酸ソーダはシアン系電気メッキ施設に欠かせない毒物だ。ともに「毒物及び劇物取締法」で厳しい管理が義務付けられている。

犯人が使った濃塩酸は大阪曹達製造の高濃度塩酸（35・5パーセント）で、当時、府下で扱っていた販売店は約7500店だった。大阪府警は、それら販売店から購入者リストを入手し捜査にあたったものの、メッキ工場の経営者や従業員の身辺捜査より「盗難被害や不審な購入者などの割り出し」に重点をおいていたためか、捜査は空振りに終わっている。

並行して青酸ソーダの捜査もおこなわれたが、困難を極めたと大阪府警捜査一課の元幹部は言った。

「青酸ソーダと一口に言っても3種類ありまんねん。粉末と顆粒《かりゅう》タイプ、それに固形のやつ。固形は粉末を固めたもので1個が30グラム。犯人はこの固形タイプを使っていた。鑑定してもらったら、青酸ソーダの中に入っていた繋ぎ剤の繊維が曲がっていたから、固形タイプを潰して粉末にしていたのがわかったわけや。これを使ってるのはどこや言うたら、おもにメッキ工場や。メッキ槽のそばに粉末タイプを置いておくと、風が吹いて舞い上がったのを吸い込んでしまう。危ないというので固形を使うわけや」

大阪だけでなく近畿一円のメッキ工場への捜査は、しかし底なし沼をさらうような虚しいものであった。

「固形タイプは一斗缶に30キロ入って値段が1万円ちょっとや。しかも30キロいうても、実際には30キロ強で流通していた。何万人を殺せる量でも1万円ちょっとや。目方が少なかったら、メッキ工場の経営者に怒られるいうんで、かなり余分に入れて販売してまんのや。1個や2個取られても、まったくわからない。管理がズサンすぎて捜査にならなかった」

法律では、それら管理状態を大阪府は把握していなければならない。しかし届け出義務を求めていただけで、届け出通り鍵のかかる保管場所に置かれているか、使用数量の記録などが整っているかなどは、ほとんどノーチェックだった。これら管理状態に目を光らせるのは、グリコ森永事件以降のことである。

大阪府警捜査一課の元幹部は、「うちがメッキ工場を回りはじめたもんやから、府もこんなこっちゃあかん言うて指導に回り出したわけや」と言い、呆れ顔で続けた。「言うてみれば、わしらの先回りをして行政指導したもんやから、突然、メッキ工場の管理がきちんとされだした。どこへ行ってもちゃんと鍵のついた部屋に青酸ソーダが置かれるようになったので、ちょっと、ちょっと従業員を呼んで、あんたとこ、前からこんなにきちんと管理してたんと聞いたら、前はそんなことなかったです。3日ほど前に府の担当者が来てうるさく言うて帰って、それからですわ言うてな。庭先をサッサッと掃除されたあとに行くようなもんで、実態が摑めへんかった」

かい人21面相の残した遺留品の総数は、600点を超えていた。

キツネ目の男の似顔絵を公開して以降、表面的な動きが止まったなかで、合同捜査本部は、微物捜査に注力することになる。なかでもキツネ目の男が、滋賀県栗東市でパトカーに追跡された際、乗り捨てた車から出た微物は、犯人に繋がる証拠品として、ひとつひとつ潰していくこととなった。微物は、車に残されていた布製のバッグの中に付着していたEL（エレクトロ・ルミネッセンス）とアルミの削りカスである。ELはパソコンのバックライトなどに使われる特殊なパネルで、アルミは1種類ではなかった。

しかし、いずれの削りカスからも容疑者にたどりつけなかったと微物捜査担当の元府警幹部は言った。

「アルミの捜査はややこしかった。アルミって、いっぱい種類があるでしょう。純粋なアルミから、合金の混じったものからいろいろある。カバンに残ってたのは、1種類じゃなく多種多様のアルミやった。そんな多様なアルミを使う製造業者はいない言うんで、アルミの回収業者を対象に捜査してた。ＥＬに関しては、まったくバッティングしなかったね。ＥＬを製造している工場は、削りカスが出ても直接処理しないから、これも回収業者に絞っての捜査やった」

バッグに残っていたアルミニウムの削りカスは、純正アルミ（１０００系）と、アルミ合金のジュラルミン（２０００系）、それに鍛造ピストン材料や建設用パネルとして使われる４００0系のアルミ、そして航空部品や鉄道車両などに使われる７０００系の超々ジュラルミンだった。ほかにも鉄、ニッケル、黄銅、はんだ、銅、チタン、マグネシウムなど12種の金属片の付着が検出されている。

布製のカバン（カジュアルバッグ）はどうだったのか。

「カバンは作った業者もわかったし、扱った小売店もわかったんやけど、そこから先、誰に売ったのかがわからん。大阪市内だと京橋駅の近くで１個売れて、あと京都の河原町でも１個売れてた。あのカバンはあんまり数作ってなかったんやけどね。滋賀から大阪の東海道沿線としてはそんなとこやった。仕方ないんで、製造業者に別注で作ってもらって、ローラーで回るときに捜査員に持たせてた。こんなカバン見たことないかって、聞くのに使ってたわな」

このバッグは、東京都墨田区の㈱丸斎が１９８４年2月ごろに１４４０個を製造し、全国40都道府県の１７８店で販売されたものだった。うち大阪、京都、兵庫、奈良の近畿地区では30店舗から３０９個が売れていた。グリコ森永事件は、１９８４年3月の発生だから、犯人はその直前に３０９個のうちのひとつを購入していた可能性が高い。しかしたどれたのはここまでだった。

ELについては大阪府警だけでなく、滋賀県警でも1年以上にわたり調べている。

当時、EL(有機EL)は、大津のNEC大津工場でしか作られていないとされていた。したがって同工場に出入りしている者、もしくはそれに近い人物が容疑者である可能性が高いとして捜査が開始されたのだ。

NEC大津工場を管轄下に置く滋賀県警は、まず、同工場に出入りしていた廃品回収業者を洗い出し、基礎資料を作成した。その資料をもとに、京都府警は京都在住者を、大阪府警は大阪在住者を担当するといった具合に、それぞれ所管区域ごとに人物相関図を作成。図上に浮かんだ人物の身辺捜査等にとりかかっている。

そして、これら捜査情報を各府県警で共有化するなか生み出されたのが、北朝鮮スパイ、広域暴力団、エセ同和からなるトライアングルの中にかい人21面相が潜んでいる、という幻想ともいえる見立てだった。

北朝鮮スパイ説

1991年8月12日、「大阪けいさつ会館」で開かれた「関係4府県警の合同捜査検討会議」に滋賀県警が提出した複数の捜査資料は、4府県警のそれまでの捜査検討会で生み出されたこの図式を、総合的に整理したものだ。そのひとつ、「捜査推進状況」の「別資料」には、

NEC大津工場から出る廃棄物をほぼ一手に回収していた、ある廃品業者とその関係者についての報告が18ページにわたって綴られている。

この一家の長、山田商会社長の山田昌夫（仮名）について、同資料はこう述べている。

「ELと併せて他の遺留微物と同種微物が付着する可能性のある非鉄等の金属屑を回収している」「かつ、交友者に元北朝鮮工作員がいること等から浮上したものである」

そして山田の妹の夫については、「昭和30年〜40年頃までメッキ会社を営んでいたことから青酸ソーダの入手も可能であること等から浮上したものである」とあった。

だがそれらの記述は、はたして確かな事実に基づくものだったのか。私は、滋賀県大津市にこの廃品回収業者を訪ねてみることにした。

大津駅からJR東海道本線（琵琶湖線）で名古屋方面に向かって二つ目、JR石山駅からタクシーで20分ほど行った郊外の田園地帯に目指す会社はあった。

滋賀県警から重点捜査対象者とされていた初代社長は引退し、現在は息子の山田健二（仮名）が二代目社長として経営にあたっていた。

山田は、当時の記憶を呼び起こしながら、淡々とした口調で語った。

「当時は、滋賀県警の刑事さんがしょっちゅう来てました。そのうち、おやじも刑事さんとタメ口をきける関係ができて、よく、こう言ってましたよ。もっと、別のところを捜査したらどないです。ウチのようなスクラップ屋に、あんな芸当のできる人はいませんよ」

当時、山田商会はたしかに、NECの大津工場から出るELの廃棄物を回収していた。しかし扱っていたのは、パネルを型抜きしたあとの抜きカスであって、削りカスではなかった。削りカスは、パネルを研磨機などで加工する際に出るもので、型抜きした廃棄物を回収するだけでは付着することはない。

「そのことをさんざん説明すると、納得したような顔をして刑事さんは帰っていった。しかし日曜日におやじが出かけたパチンコ屋で、ふっと気づくと、隣に刑事さんが座っているという具合でした。それを聞いた叔父さんも、わしも同じや、言うてましたわ」

実は、山田姓は帰化した後の日本名で、初代社長の父親は韓国の出身だった。父親の妹の夫、つまり山田健二の叔父も韓国籍からの帰化者で、当時、焼き肉チェーン店「大同門」の取締役を務めていた。これが山田一家への嫌疑を強める一因でもあった。

すでに詳述したように「大同門」は、かい人21面相が、グリコから身代金を奪おうとして設定した現場のひとつである。

「大同門」の数あるチェーン店のひとつが、犯行現場と重なったことで、山田の叔父は、容疑者として半年近く刑事から身辺捜査されることになった。しかし常識的に考えれば、自分が取締役を務める会社の店舗を、犯行現場に選ぶなどありえないことだろう。勝手を知った現場に何か痕跡を残せば、そこから身元が割れる可能性が高い。そんな危険な賭けをキツネ目の男がするはずないのだが、警察はこの単なる偶然に必然を見出そうとしたのである。

「大同門」で犯人を取り逃がした心理的影響も、捜査資料の作成に大きな影を落としていた。あの統制力と行動力は普通の犯罪者ではない。工作員など特別な訓練を受けた者でないと不可能とする根拠のない思い込みが、おどろおどろしい犯人像を作り上げ、ＥＬ捜査に北朝鮮スパイ説を結び付けていったのだ。

京都府警作成の捜査資料は、北朝鮮工作員としてマークされたことのある人物とその家族に関する詳細な人物相関図を作り上げていた。この元工作員とされる人物は、１９６８年６月、北朝鮮スパイ事件で検挙されたとあり、当時、富山市に在住していて、先の山田商会初代社長と「交友関係」があることになっている。

資料を前にして、山田健二はこう言った。

「はじめて聞く名前ですね。この人、富山に住んでたんですか。しかし私、おやじの出す年賀状の宛名を書いていましたけど、富山にいる人に出したことないからね。なんで、おやじと交友があると書かれているのか、まったく見当もつきません」

京都府警の人物相関図で、とりわけ重要視されていたのが、このとき、左京区に住んでいた「北朝鮮工作員」とされる人物の娘である。

事件当時26歳の女性が、Ａランクの「容疑者」としてリストアップされたのは、次のふたつの理由からだった。ひとつは、彼女の乗っていた乗用車が「ＮＥＣ大津工場、ＥＬ製造課員」

から購入したものであったため、「ＥＬの付着の可能性がある」というものだ。もうひとつは、この女性のかつての同僚が、犯人から丸大食品の太田康弘常務の自宅にかかってきた電話の「女性の声に似ていると供述している」ことだった。

ところがその声の鑑定結果は、すでに別人と出ていた。にもかかわらず、京都府警はこの一家は容疑者であるかのような資料を作っていたのである。声紋鑑定を依頼した滋賀県警の捜査資料にはこう書かれている。

「協力者を通じ対象の声を収録し、科学警察研究所に鑑定依頼した結果、『声紋が一致する部分よりも異なる部分の方が多いので、同一人の音声である可能性は低いと考えられる。』」

捜査が暗礁に乗り上げ、打開策が見出せないなか、合同捜査本部は資料のための資料作りをしていたことになる。

京大中退の男

さらに時効が迫ってくると、その重圧と心理的焦燥感から、事件と関係のない人物を容疑者に仕立て上げる作業がおこなわれるようになった。

かい人21面相の挑戦状に、新左翼系の「人民新聞」への言及があったことから、兵庫県と京都府との県境に近い丘陵地帯で、自然農法による農場を経営していた団体への捜査が強化されることになった。この農場の所在地は、青酸ソーダ入りの菓子が撒かれた大阪府箕面市にも近く、また農園の指導的立場にあった人物が、グリコ協同乳業が買収したヤシマ乳業の社長であったことも手伝ってか、警察の先入観を増幅させたようだ。

1991年8月12日、京都府警が作成した「捜査実施概況」には、農場に住み込む一組の夫婦について、「割出捜査」した結果が報告されている。それによると夫は「京都大学工学部交通土木科を中退……極左系新聞『人民新聞』の編集委員として、妻子のもとを離れ活動している」とあり、さらにこの人物が事件発生の6年前まで国鉄の下請け会社で軌道工として働いていたときの作業現場が、江崎社長が監禁されていた水防倉庫から500メートルの近距離であったことも記されている。妻に関しても「京都大学全学臨時職員闘争委員会構成員として首謀的役割を果たし、教職員と暴力事案を起こし、解雇され」たとある。

元大阪府警の捜査幹部はこう言った。

「あの夫婦には子供もおって、京大中退だから頭もええ。こらいけるで、ということになった。だけど、一点だけ、あの挑戦状の文章が書けるかというのがひっかかった。あの独特のおちょくりは、頭がいいだけでは書けへんから」

同捜査幹部の話が続く。

「捜査を続けるうち、この農場では近所の農家が作った形の悪いきゅうりや虫食いのホウレンソウなどを安く仕入れて、自分たちが作った無農薬野菜と偽って売りさばいているのがわかった。それで、詐欺で引っ張ろうと検討したこともある。ただ、あまりにもチンケな容疑なので、ちょっとみっともないとやめた。そのうち、事件とは関係ないということになった」

「Aランク」の捜査対象となっていたこの人物、野田敏之（仮名）は苦笑交じりにこう言った。

「詐欺というのはひどいな。うちは、近所の農家が作った野菜を集荷して、共同購入会に卸していただけやから。捜査に入ること自体、無理やわ。たしかに当時は、しつこく尾行されてましたね。『人民新聞』の取材で人に会うにも、会いにくかったから。尾行に気づいて撒いたとしても、また、どこからか捜査員が出てきて、入れ替わり立ち替わりついてくる。そんな状況が2〜3年近く続いてました」


少し話は前後するが、キツネ目の男は1984年10月7日、〈全国の　おかあちゃん　え〉と題した挑戦状に相合傘を描き、警察庁の鈴木長官と大阪府警の四方本部長を嘲笑しているが、そのコピー40枚を京大前のコピー店で作成していたことを、1ヵ月半経ってからマスコミ各社への挑戦状で明かしたことがあった。

当時、コピー機の捜査にあたっていた元捜査幹部は、それを知って慌てて京都に行ったと語った。

「毎日、大阪市内のコピー屋を一軒一軒回っては、ちょっとコピーさしてよー、といって、白紙の紙をコピーして回っていた。コピー機というのは、使っているうちに感光ドラムが劣化し、微妙なキズがコピー用紙に残る。それで、その傷を白紙の紙に写し取って、犯人が送りつけてきた挑戦状の傷跡と一枚、一枚、照合してたわけや」

気の遠くなるような捜査の模様は、新聞でも報じられていた。かい人21面相は、その報道を横目に、マスコミに送りつけた挑戦状で〈コピーの　きかい　京大の　ちかくの　百万へんのコピーやに　あるで〉と明かしていたのである。

捜査員が、京大北門前の百万遍《ひゃくまんべん》の交差点に面した複数のコピー店を調べたところ、「高速コピー百萬石」に置かれていたコピー機の感光ドラムのキズと、脅迫状に残されたキズが一致した。

前出の元捜査幹部が語る。

「大阪市内だけで手一杯、京都まで届かないうちに、犯人は京都の百万遍でコピーしましたと言ってきた。なぜ、言ってきたのかわからん。そのコピー機にしても、もう少しで入れ替えられるとこやった。そうすれば永久にわからんかったやろ」

犯人を逮捕できないまま、江崎社長の拉致事件の誘拐罪や淀川堤防で襲われた元自衛隊員への強盗傷害罪の時効があと2年と迫ってきた1992年3月13日、大阪府警は「B作戦」と称する任意の事情聴取を、山口組系黒田組の黒田肇組長（仮名）におこなった。Bとは、黒田肇の黒を、英語読みしたブラックから取ったものだった。

黒田肇組長が容疑者として浮上したのは、この組の幹部が大阪・北新地のクラブで江崎社長と出くわした際、酔いにまかせての嫌がらせをしていたことが判明したからだ。

マル秘の判が押された府警作成の「警察庁捜査第一課長報告資料」には、そのときの様子がこう記されている。

「おお、江崎か、牛の首を切って放り込んだろか、バキュームカーで糞を放ってやろか」

グリコ森永事件が発生する約2年前のことである。黒田組は、食肉利権、とりわけ輸入肉の利権を資金源としていた。このような暴言を吐いた背景には、「グリコ側への食肉の売込みに行き、トラブルがあった」と同資料は断じている。しかしこの程度の脅し文句を使うのは、ヤクザにとって日常茶飯事。それを「利権とトラブル」に結びつけるのは、いかにも短絡にすぎる。

当時、警察庁でグリコ森永事件の捜査をモニターしていた元幹部も、報告書のいささか乱暴な記載についてこう解説する。

「普通、事件の捜査は『シロにする捜査』といって、容疑者のアリバイを探し出して、シロにすることを目指す。その過程でアリバイがなかったり、本人の主張するアリバイが崩れたりすると、自然、犯人という結論が導かれるわけです。ところがグリコ森永事件は、複数犯なので、ひとりの容疑者をシロと認定しても、容疑者リストから落とせない。こいつは、当時、青酸ソーダを入手する可能性はないとわかっても、その交友関係の中に入手可能な人物がいるかもしれない。だから、一度、あらゆる可能性を強引に繋げてみることにした。これを『クロにする捜査』と呼んでいたのですが、黒田組の件もその可能性を追求したものだった」

ただ、いったん資料として作成されると、活字の威力でもってその「記載事実」は独り歩きをはじめる。最終的に「B作戦」が決行されたのもそのためだった。

1年以上にわたる「余罪捜査」の末、黒田「容疑者」への任意の事情聴取をおこなったが、事件との関わりを否認され、「B作戦」は不発に終わった。

当時、大阪府警捜査一課で、この作戦の推移を眺めていた元幹部によれば、「あれは、もともと筋違い。本庁に、もっともらしい捜査をやっているという姿勢を示さないかんので、黒田が怪しいと捜査資料に書いた。あんな書かんでもええことを書いたもんやから、本庁から事情聴取しろとやいやい言われて、やらざるをえなくなった」ということだ。

実際、冷静に考えれば、黒田「容疑者」にグリコ森永事件を引き起こす余裕などなかったことがわかる。

グリコ森永事件の発生から3ヵ月後には、山口組の跡目問題から山口組と一和会の抗争が勃発していた。翌年1月には、山口組の竹中正久四代目組長が一和会のヒットマンに射殺され、血で血を洗う「山一抗争」に発展している。黒田「容疑者」はその渦中にいたのである。

前出とは別の府警元幹部もこう言った。

「黒田肇は、四代目に就任したばかりの竹中によって引退に追い込まれた。そんな状況下で、かい人21面相を気取るどころじゃない。まして奴は、企業恐喝でずいぶんカネを持ってたからな。2億円や3億円程度のカネを奪うために、あんな面倒なことはしない」

そして呆れ顔でこう続けた。

「要するに大阪府警は、とっくの昔に捜査を投げてたいうことや。捜査資料、捜査資料いうけどな、これで何がわかるんや。たんなる会議用の説明資料やないか。公判を維持し、犯人を有罪にもっていける資料というのは、供述の裏付けが取れてないといかん。それがこれらの資料には皆無。まともな捜査をしないで、意味のない資料を大量に作っていたことになる」

捜査に行き詰まった合同捜査本部が、捜査体制を立て直すことができず、ただいたずらに資料作りに邁進《まいしん》していたころ、すでにかい人21面相は、菓子メーカーや食品メーカーからカネを奪い、普通の市民生活に戻っていた。

終章

「ある会社から1億とった」

未解決に終わったグリコ森永事件には、未解決ゆえに多くの噂が生み出され、もっともらしく語られてきた。

あの事件は、株価を操作するために起こしたもので、犯人らは江崎グリコや森永製菓の株を安値で仕込んでおき、まずは好材料を流して株価が上がったところで売り抜けて利益を手にし、次に事件を起こして空売りでも儲けたというものだ。

空売りは、証券会社から高値の株を借りうけ、その株価が下がったところで返却すれば、利益を得られる。株の貸出と同時に証券会社は、市場でその株をいったん売却するため、株価が下落したところで買い戻して返却すれば、当初の売却額と下落後の返却額の差額が利益となる。

事件発生後、グリコや森永製菓など、犯人が標的とした企業の株価は急落したり、一転して値上がりしたりと大きく変動した。しかし当時、東京証券取引所と大阪証券取引所は、誰が買って誰が売ったかを徹底的に調査していたのである。株式ジャーナリストの秋山勉によれば、「調査するに当たっては、警察の要請もあったらしい。が、取引所の調査した記録からはそれらしい動きは発見できず、〈かい人21面相〉に便乗した動きだけだった、という結論に落ち着いた」。

「株価操作説」が、一種のご愛敬だったのと似て、グリコ森永事件の捜査に従事した捜査幹部の多くは、いまなお、事件への不思議な感慨と犯人グループへの奇妙な親近感を抱いている。

事件発生当初、兵庫県警捜査一課特殊班の班長として現場を指揮した北口紀生もそのひとりだ。

「泰山鳴動してネズミ一匹も出なかった。いまさらながら、あの事件は何だったんだろうと思うわね。あえて言えば、犯人が投げた石で池の水が濁って大騒ぎになったものの、時間が経ってもとの綺麗な池に戻ったら、それまで何が起こっていたのかもわからなくなる。警察と犯人の攻防戦にマスコミも加わった三つ巴の事件捜査だった。わたしは、そんな印象をあの事件に持っている」

忙しかった捜査の日々を思い返すとき、まるで白昼夢を見ているような気分に襲われるのだ。

警察庁の元幹部も「陰湿な犯行が途中から陽気になった」といい、一息ついて「こいつら人を怪我させせない。殺さないで犯行をするんだとわかってから、不謹慎だけど時効になったら対談でもしてみたいと思った」と続けた。

キツネ目の男の書いた脅迫状や挑戦状の細かい点を照合すると、その変化をもたらした時点が、はっきりと浮かび上がってくる。犯人にとってもっとも危うく、どうにか間一髪で逃げおおせた滋賀県栗東市でのパトカーとのカーチェイス以降に変化は表れている。

すでに述べたように、キツネ目の男は、警察に届けることなく裏取引に応じていたと思っていたハウス食品が、実は警察に届けていて、たまたま通りかかった通常警邏のパトカーによる職務質問がなければ確実に逮捕されていたことを、新左翼系の「人民新聞」の号外で知って心底震え上がった。「大同門」で仕掛けられていた罠といい、栗東での罠といい、姿をさらしてカネを受け取りに行くことの危険を思い知ったはずである。そしてこれ以降、カネの受け取り方法について根本的な修正を加えていた。

これなら逮捕の危険もなく、カネを奪える。その方法を思いついた安心感と余裕から、栗東のあとの脅迫状から陰湿さが消え、どこか陽気な遊びの要素が加わっていたのである。

栗東から約3週間後、キツネ目の男は不二家に1億円を要求する脅迫状を送っているが、裏取引に応じる合図として「阪神百貨店屋上から二千万円をばらまけ」と愉快犯のようなことを書いている。

また『週刊読売』編集部が12月2日号で、かい人21面相に手記を求めたところ、執筆の条件として、〈あふりかえ　金　おくれ〉と回答していた。そして翌年2月には読売新聞宛ての挑戦状で、〈なんぼ　おくったか　はっきり　かくんやで　ぜにも　ださんで　手記かけゆうのむしよすぎるで〉とからかった。

ナルシストで自己顕示欲の強いキツネ目の男は、マスコミの最大の関心事である脅迫企業からカネを奪ったのかどうか、についても答えている。マスコミに宛てた挑戦状で、二度にわたり脅迫企業からカネを受け取ったと「公言」していたのだ。

一度目は、〈しかた　え〉と題した挑戦状で、大阪府警の四方修本部長をこうあてこすった。

〈ええこと　おしえたる　12月9日　よる
わしら　兵ご県の　あるところで　ある会社から
1億　とったで　あと1か月　つかわんと　おいとく
1月15日までに　アジト　みつけたら　1億　とれるで
とっても　どこの　会社か　わからん　よおに　なっとる
正月くらい　ゆっくり　せいよ
1月15日　すぎたら　いそがしゅう　なるで（以下略）〉（1984年12月15日8時～12時、高槻郵便局管内から投函）

この2日後には、〈軽殺庁の　すずき　え〉と題した挑戦状をマスコミ宛てに出し、カネを取った場所についてもう少し書き込んでいた。〈軽殺庁の　すずき〉とは、警察庁の鈴木貞敏長官である。

〈きょうは　アジトびらきの　あいさつや
（略）
ひまそおやから　しごと　やる
12月9日　ごご9じに　1億　とった
ばしょは　やしろインターの　ちかくや
兵ご犬警　がんばりや（以下略）〉（1984年12月17日12時〜18時、東京下谷郵便局管内から投函）

〈やしろインター〉とは、兵庫県加東《かとう》市の「滝野社《たきのやしろ》インターチェンジ」である。大阪府吹田市から山口県下関市へ至る中国自動車道に設けられたインターチェンジで、大阪からだと車で1時間ほどの距離にある。

このふたつの挑戦状で、キツネ目の男は、カネを取ったと自負しただけでなく、年が明けた1月15日の成人の日以降、再び、犯行を再開すると宣言していたが、以前のように派手に動き回ることはなかった。それらしい動きとしては、1月16日に森永製菓への嫌がらせとして青酸ソーダ入り千円パックを読売新聞大阪本社前に置いたのと、1月28日にハウス食品の名古屋営業所に、申し訳程度の脅迫電話を入れていたくらいのものだ。

「しかしその電話は、なんとも腑抜《ふぬ》けたものでした」

ハウス食品の副社長だった大塚邦彦は、こう前置きして言った。
「事前の脅迫状で、この日の午後9時に電話を入れると予告がありましたから、警察に連絡のうえ、私も本社で待機してました。予告通り、犯人から電話がありまして、テープに録音した男の子の声が流された。警察が録音したそのテープを聞きましたが、大した内容ではなかった。具体的にカネの受け渡し方法について指示があったわけではなく、単にカネを用意しておけといった、漠然とした内容だったと記憶してます。切実感も緊迫感もなく、喩《たと》えていえば、ゆるい牽制球を投げてきたなといった印象ですね」

脅迫状に表れたキツネ目の男の変化

このとき、警察庁はこの電話の逆探知に成功し、発信元の公衆電話を割り出していた。それは、京都市と奈良市を結ぶ近鉄京都線の久津川《くつかわ》駅近く、京都府城陽市平川大将軍《たいしょうぐん》11番地の玩具店前の公衆電話だった。

府警捜査一課の元幹部によれば、「電話機を特定できた時点で、機動鑑識に指紋の採取に向かわせたものの、指紋を採取することはなかった」。その理由もまた、保秘を優先したためだったとこの元幹部は明かした。

「途中、本部の捜査指揮官から指示が入って機動鑑識を引き返させてるんですわ。犯人がどこから見てるかしらんし、鑑識課員からマスコミに捜査内容が漏れるというわけや。ハウスが警察に届けていることを犯人側が知れば、現場に姿を現さなくなる。裏取引する意思があると思わせとくには、鑑識活動を犠牲にせなならんということやった」

結果、公衆電話の指紋の採取だけでなく、現場周辺の検証もなされなかった。

この前後、キツネ目の男は、マスコミに6通の挑戦状を出しているが、これまでのように脅迫している企業名を明かし、騒ぎを大きくしようとしたものではない。いずれも面白おかしく警察を小バカにし、揶揄嘲笑する内容だった。そして3月17日、大阪城の天守閣に置いた次の挑戦状を最後に、水面下に深く潜ってしまい、二度と警察の前には姿を現さなくなった。

〈かい人21面相　ファンクラブの　みなさん　え
もお　1年や
世の中　ふしめ　ちゅうもんが　たいせつや

（略）

マスコミ　わしら　1しゅう年に
なんかする　ゆうとる
やる　ゆうたら　わしら　やる
せやけど　さきの　はなしや

（略）

ホシよりも　こおべとなにわの　ちわげんか
チリひとつだに　ひろえぬ　けいさつ
わしら　スターダストや
はよ　ほんまもんの　スターになりたい
なつまでに　ごついこと　やったるで
かい人21面相〉

栗東でキツネ目の男を取り逃がして以降、かい人21面相に訪れた変化について、警察庁幹部がまったく何も気づいていなかったわけではない。

警察庁刑事局の於久昭臣《おくあきおみ》審議官は、１９８５年４月２日の参議院法務委員会でこう語っている。

「昨年11月中旬以降、彼らの動きはかなり調子が変わってきたという感じがいたします。……我々の追及を恐れて少し調子が狂ったということも考えられますし、また先ほども申し上げましたように、何度か試みてその都度現実に金を手に入れることができなかった彼らの従来の現金奪取計画についての限界を彼ら自身が感じたのかどうか、いろいろなことがあろうと思いますけれども、いずれにいたしましても、私どもはいろいろなことに思いはめぐらしはいたしますけれども、ともかく捕まえることが先決だということで全力を挙げているというのが現状でございます」

「ともかく捕まえる」と意気込みはしても、虚心坦懐《きょしんたんかい》に事件のディテールを再検討することはなかった。ディテールの固まりである捜査結果への、真剣な再評価の努力が払われなかっただけでなく、犯人の変化を自分たちに都合よく解釈し、逮捕できないことへの一種の弁明としていくことになる。

とりわけ不二家に対し、「阪神百貨店屋上から二千万円をばらまけ」と要求したことから、捜査幹部の誰もが、キツネ目の男は犯行への意欲と集中力を失ったと考えるようになっていた。

ロッテは模倣犯に引っかかった

キツネ目の男は、詐欺犯のように、あることないことデタラメを述べるのではなく、自身が発した言葉にこだわり、意地でも言行一致させるところがあった。このときも、警察が考えていたように犯行への意欲を失っておらず、手口もより巧妙化していた。

森永製菓への嫌がらせやハウス食品への脅迫電話の裏で、半年前に〈ゆるした〉はずのグリコに、あらたな脅迫状を送り付けていたのである。この脅迫状は1985年2月6日、グリコの取引先である東洋紙業の朝日多光《あさひたこう》社長に宛てたもので、朝日社長から江崎社長に届けられた。

〈勝久　え

ひさしぶりやな　水ぼうそおこ　いらいやで
あんときは　おもろかったな
まだ　ゆめみるやろ
おまえも　世の中　よおわかったろ
世けん　ちゅうもんは　はく情なもんやで
けいさつは　会社　つぶれてもええ
わしら　つかまえれば　ええんや

（略）

こんど　わしらに　さかろうたら
バレンタインも　会社もあらへん
はじめから　やりなおしや
社員や　かぞく　1万人はおるやろ
だれでもさらえるで
社長に　10億よおいして　社員やかぞくに　6億だささなんだら
イメージダウン　するで

わしら　さらうじゅんび　できてる
おまえのへんじ　しだいや
はじめから　やりなおすか　わしらのやくそく　まもるか
わしら　どちらでも　ええ
犯罪は　スポーツや
やくそく　まもって　6億だすなら
2月8日　ごご2じか　3じ
なごやのテレビ塔の　てんぼう台から　2000万ばらまけ
（以下略）
かい人21面相〉

江崎社長には、ゾッとする文面だっただろう。終わったと思っていた恐喝が終わっていなかっただけでなく、カネを払うまでしつこく付け狙い、家族が誘拐される恐怖を呼び起こす内容だからだ。

〈てんぼう台から　2000万ばらまけ〉という無茶な要求も計算ずくのことであった。不二家に対し「阪神百貨店屋上から二千万円をばらまけ」と要求したのと同様、実行できないとわかってのことだ。次に出す脅迫状で、なぜ、カネをばら撒かなかったのかと因縁をつけ、青酸ソーダ入りの製品を市場に置いて回ると脅す口実として使っていたのである。

だからこそキツネ目の男は、先の脅迫状から約1週間後の2月12日、バレンタインデー直前のタイミングで東京と名古屋に青酸ソーダ入りの「チョコレート五個」を置いて回っていたのだ。

〈どくいり　きけん　食べたらしぬで　かい人21面相〉と書いた警告シールを貼った「森永ハイクラウンチョコレート」を中央区京橋の飲食店の玄関先に置き、同じ警告シールを貼ったロッテの「クラウンチョコレート」を都内の郵便ポストに投函。この「クラウンチョコレート」は、この日の午後8時40分ごろ、中央区の日本橋郵便局で発見されている。また、名古屋郵便集中局でも警告シールの貼られた明治製菓のチョコレート一箱が見つかっていて、愛知県警が鑑定したところ、中から青酸ソーダの反応が出た。

これらのニュースは、翌13日の各紙朝刊トップで報じられている。江崎社長は、相当に神経をすり減らしたことだろう。

一方で、キツネ目の男は、あらたな標的として「チョコレートなど菓子類と薬品を製造している」中堅製菓や、中堅和菓子メーカーの駿河屋、「関西に営業基盤を置く食品メーカー五社」にも、バレンタインデーを挟んだ1月末から3月はじめにかけ、それぞれ5000万円を要求する脅迫状を送り付けている。

ただ、それらいずれのメーカーに対しても、これまでのように裏取引に応じる合図として新聞広告を出させたり、あらかじめ数ヵ所に置いた指示書を順にたどらせながら現金持参人をあちこち引き回したりはしていない。

もはや、脅迫している企業名をマスコミに知らせ、騒ぎを大きくする必要もなく、脅迫状一本で菓子メーカーや食品メーカーは震え上がっていた。グリコや森永への脅迫効果が、食品業界全体を覆いつくしていたのである。

元大阪府警捜査一課の捜査員は、当時を思い返すと腑に落ちないことが多々あると語っている。

「脅迫状が来たら裏取引などせず、すぐに警察に届けるようにと菓子メーカーや食品メーカーを回ったことがある。そのとき、応対に出た役員の中には、まともな話ができへんくらい動揺する人がいたもんや。手が震えて何にも話さへんから、どないもならんかった。要は、警察が来たということは、届けていない脅迫状のことがバレて、裏取引したのがわかったんやないかと勘繰ったんやと思うよ。でないと、われわれが訪ねたぐらいで、あんな反応になることないわな」

実際、脅迫状が来ても警察に届けることなく、裏取引でカネを払っていた企業があった。

グリコ森永事件の歴代捜査責任者のひとりは、資料の引き継ぎを受けたのち、特殊班の班長だった鈴木建治を訪ね、いろいろ質問した際にこう明かされたと語った。

「事件発生から11ヵ月後のバレンタインデーの前後に、脅迫状が届いた菓子メーカーのなかには、裏取引でカネを払っている会社があったということや。はっきり企業名もあげて、カネを払っていると言っていた。鈴木さんが言うには、脅迫されていた企業の銀行口座だけでなく、社長や役員の個人口座や地方に住んでいる親族の口座、さらには原材料を納入していたり、菓子類のパッケージを印刷しているなど大口取引先の銀行口座まで調べて、それがわかったということやった」

当時取材していた全国紙の記者もまた、「ある菓子メーカーの役員から裏取引をしたと告白された」と語っている。

またロッテは、かい人21面相が犯行の終結宣言を出した1ヵ月あとの、1985年9月19日、「『ニセ21面相』に3000万円を払っていた」。ロッテからカネをせしめた犯人は、翌年6月に再び5000万円を要求する脅迫状を出したため、ここではじめてロッテは警察に被害届けを出し、「ニセ21面相」は逮捕されている。記者会見でロッテの松井静郎《まついしずろう》副社長は、「菓子類は子どもが自分で買うこともあり、幼い犠牲者を出したり、ロッテの取扱店にも迷惑をかけてはいけないと考え、昨年9月19日の1回目は、やむなく応じた」と苦しい弁明をした。

ロッテは、模倣犯に引っかかったわけだが、企業倫理よりも企業防衛を優先させ、かい人21面相と裏取引をした企業は、どのようにしてカネを払ったのか。

「いまにして思えば、もっと可能性の視野を広げて捜査しておくべきだった」

こう語るのは、警察庁の元幹部である。

「安全に身代金を受け取ることを考えると、あらかじめ作っておいた仮名口座をつかってカネを振り込ませていたはず。カネを払ったとしても、公表しないと約束したうえで、菓子メーカーの協力を取り付けていれば、いろんなヒントが得られただろうし、犯人にたどり着けたかもしれない。仮名口座への捜査を失念したのは、返す返すも残念でならない」

当時、仮名口座は、すでに社会問題化していた。架空もしくは他人名義で銀行や郵便局に新たな口座を開く仮名口座は、その匿名性ゆえさまざまな犯罪に利用されていたからだ。

グリコ森永事件の前々年には、大阪府警本部防犯部の現職警察官による「とばくゲーム機汚職事件」が発生しているが、ここでも仮名口座が使われている。汚職警察官たちは、違法な「とばくゲーム機」の取り締まり情報をゲーム喫茶やゲーム機リース業者に流す見返りに、「鈴木政治」名義の仮名口座に賄賂《わいろ》を振り込ませていたのである。このとき、逮捕された府警の刑事は5人(うちOB2人)。彼らは、起訴された分だけで2235万円のカネを受け取っていた。

仮名口座は、1991年1月以降、口座開設時の本人確認が厳格化されたことに加え、2003年1月に「本人確認法」が施行されたことで作成できなくなった。しかしそれまでは誰でも、簡単に作れたのである。窓口で申請した住所にキャッシュカードが後日送付され、返送されてこなければ本人確認と住所確認ができたものとされていた。

しかもその住所は、郵便局の局止め扱いでも、事務代行業者の私書箱でもよかった。銀行のATM(現金自動預け払い機)にしても、そのすべてに防犯カメラが設置されていたわけではない。防犯カメラの設置されていないＡＴＭで、何度かに分けて引き出せば、リスクを冒すことなく、カネを手にできた。

キツネ目の男は、栗東で逮捕されそうになったあと、表に出ることなくカネを奪う方法として仮名口座の活用を思い立ったのだろう。目標の13億円を手にできたかどうかは別にして、〈いままで　わしも　金つこうとる〉と愚痴っていた程度のカネは回収し、なお余りあるカネを得ていたに違いない。

事件のほとぼりが冷めたころ、キツネ目の男は、そのカネを働きに応じてメンバーに分配したはずだ。彼らは、人々が何十年とまじめに働かなければ手に入れることのできない住宅を購入し、銀行からの借入金を返済し、安定株に投資することでまとまった配当金を受け続け、あるいは事業資金として活用することで、苦労なく事業を継続しているメンバーもいるのだろう。

キツネ目の男に率いられたかい人21面相のメンバーは、警察を出し抜き、企業を脅し、多額のカネを奪い取るというゲームには勝ったのかもしれない。しかし犯罪を憎み、不正を許さない社会の追及には時効がない。

キツネ目の男と電話の声の女は、70代の年齢となり、ビデオの男も50代後半から60代に達している。彼らはいまになって、ようやく自分たちの身元が明らかになりかねない痕跡の多さに気付き、愕然《がくぜん》としているはずだ。しかもその中には、これまでいっさい明かされてこなかった、キツネ目の男の血液型も含まれているのである。

栗東でのパトカーとのカーチェイスの末、キツネ目の男が乗り捨てた白いライトバンに残された遺留品のひとつ、サファリハットの内側には一本の髪の毛が突き刺さるようにして残っていた。車を乗り捨てる際、キツネ目の男は、サファリハットを脱ぎ捨て、別の帽子にかぶり直しているが、その用心深さが一本の髪の毛を残すことになったのだ。約5・5センチのこの髪の毛から、警察は血液型を割り出している。理論上、髪の毛が残っていれば最新のＤＮＡ鑑定技術をもちい、いまからでもこの男を特定することが可能となる。

ライトバンに残されていたサファリハット（読売新聞社提供）

尊大な思い上がりで犯行を企て、当時10歳前後の男児だけでなく、同年齢の言語障害のある男児までを利用した罪とリスクは永遠に消えることはない。

事件後は善良な市民を装い社会に溶け込んできたはずが、かい人21面相のメンバーは、この先ずっと身元が割れる恐怖を抱え、怯え暮らさなければならないのである。時効によって罪に問われることがなくなっても、その怯えからは生涯逃げることはできない。

あとがき

2009年4月18日の土曜の夜、私は大阪市淀川区内の6階建てのマンションの前にいた。寒のもどりの冷たい雨が降るこの日、マンションの一室に住む人物を訪ねるためだった。呼び鈴を押しても応答はなかったものの、部屋の明かりは点いていたため帰宅を待つことにしたのだ。

小一時間ほどしたころ、傘も差さず、両手に食材などが詰まったスーパーの袋をさげたロング丈のベンチコートにキャップ姿の男性が、マンションへと入っていった。エレベーターの表示階が、先ほど訪ねた部屋の階で止まったため、再び玄関前に立ち、呼び鈴を押すと、いまさっきの男性がドアを開けた。彼は怪訝な目で私をしばし見つめ、声を荒らげた。「いま何時や思てんねん。いらんよ。訪問販売するにも、時間考えなあかんやないか」

午後10時を過ぎての見知らぬ訪問者へのイラつきは、このあと動揺と驚愕へと変わっていく。私が、訪問販売員ではなく、グリコ森永事件の取材をしていることを告げると、たちまち顔面蒼白となったのだ。

この人物、兼田富雄（仮名）さんは、大阪府寝屋川市の淀川左岸堤防道路でデート中、かい人21面相に襲われ、恋人の女性を人質に取られ、3億円を積んだグリコの車を「大同門」まで取りに行くよう強要された元自衛隊員である。事件からすでに25年が経っていたが、一瞬にして襲われたときの体験が脳裏によみがえり、心の深いところを覆っていた瘡蓋《かさぶた》がはがれ、血のにじむ記憶に全身を震わせていたようだった。

かい人21面相という姿の見えない存在が、消し去ることのできない恐怖を骨の髄にまで植えつけていたのである。

兼田さんは、事件についてはほとんど語ろうとしなかった。しかし何度か通ううち、ある日、こう切り出した。

「あの事件の数年後には会社も辞めまして、転職先で知り合った女性と結婚しましてね。もちろん、彼女には事件に巻き込まれたことは話しましたし、ご両親にも話したうえで結婚の許しをもらってます。いつまた、襲われるかも知らへんからね。ただ、ひとり息子には、これまで何も話してないんです。しかし彼も成人したことやし、そろそろ話してもええんかなと、そんな心境になりましたんや」

私は、兼田さんと事件の現場をめぐりながら、デート中に襲われた堤防道路での出来事の詳細や、「大同門」で警察に身柄拘束されたときの様子、そしてその日、当時の恋人と交わした会話などをインタビューしていった。

兼田さんとの対話を重ねながら、やはりこの事件は、単に警察と犯人の攻防劇をトレースするだけではぼんやりとした輪郭しか描けず、真相に迫れない。犯罪の全体構造を摑むには、江崎グリコや森永製菓など、被害にあった菓子メーカーや食品メーカーの経営者たちからも事件を語ってもらう必要性があると感じていた。

事件の渦中にあって、彼らはいかなる心理状態のもと、何を考え、会社を守るためにどんな決断をしたのか。事件と対峙してきた企業経営者たちによる再検証と再評価がなければ、犯人たちがみせた貪欲さと大胆さ、その先にある彼らのプロファイルにまで触れることはできない。そんな思いを抱えながら、ハウス食品工業（現・ハウス食品）の大塚邦彦さんを訪ねた。大塚さんは、事件当時、副社長として奔走し、その後は社長、会長として事件で傷んだ経営を立て直した人である。

大阪府高石市のご自宅を訪ねた日のことについては、いまも細かなことまで覚えている。広い応接間で、テーブルの上に飾られた繊細な編み物やレースなどの手芸品を眺めていると、夫人はこれらは近所の婦人たちに教えながら制作したものだと語った。その説明に聞き入っていたところ、奥のドアが開き大塚さんは現れた。そして私の正面の席につくや、初対面の挨拶もそこそこに、こう口を切った。

「森永製菓の高木貞男さんに会ったですか」

まだ会っていないと答えると、「ぜひ会いなさい」と畳みかけるように語を継いだ。

「僕は、犯人の終結宣言が出てしばらくして、人の紹介で高木さんとはじめて会ったんですが、同じ苦しみを味わった経営者として、すぐに肝胆相照らす仲になった。あの事件が、企業経営に与えた深刻な打撃については、高木さんからもお聞きすべきだ」

さっそく高木さんに取材依頼の手紙を出してみると、驚くほどの早さで電話をいただいた。

「大塚さんの紹介ということだが、本当かい。裏を取るというわけではないが、大塚さんの名前を見てなつかしくなった。話したくなったので、大塚さんの電話番号を教えてくれるかい」

そう言うといったん電話は切られ、30分ほどすると再び電話があった。

「大塚さんが、ぜひ会えと言うので会うよ。家まで来てくれるかい」

高木さんは病み上がりの身ではあったが、好意的に、そして精力的に事件について語ってくれた。一方、犯人と裏取引をしたと噂の絶えない企業の経営者たちは、誰ひとりとして取材に応じようとしなかった。このコントラストは強く印象に残っている。


犯人を挙げられなかったことで、警察は批判にさらされたが、この事件を契機に刑事警察は大きく変貌をとげている。

「江崎社長に対する身代金目的誘拐等事件」と元自衛隊員の兼田さんに対する「寝屋川市のアベック対象強盗致傷事件」が公訴時効を迎えた翌年の１９９５年10月、警察庁刑事局刑事企画課の篠原弘志課長は、『警察時報』に一文を寄せ、この捜査から得た教訓を記している。

「その一つは、特殊犯捜査活動の改革だと思われる。犯人側が指定コースを綿密に下見をして所要時間を計測し、些かでも時間に遅れると現場に現われないことが判明すると、警察の取るべき道は、いかにスピーディに部隊編成を維持し、現場での臨機応変の事態に対応できるか、という事しかない。

この課題を克服するには、専門化した小集団を中心に徹底した訓練を行う一方で、装備資材の一新に努めなければならず、その方向に対策を集中させていった。捜査と通信とが深く結びつき出したのも、直接にはこの事件からであった」

「もう一つは、微物鑑識の高度化だったと思われる。当時犯人側は種々の資料を残したが、従来の感覚で犯人に直接結びつくような資料は皆無であった。そこで残された資料を細部にわたり点検し、どんな微細な資料でも『何か判らないか』という観点から、金に糸目をつけずその分野の最高権威を探して依頼していった」「その知識は後々の鑑定の高度化、器材の充実になっている」

身代金目的誘拐や連続企業恐喝のような悪質事件での迷宮入りは、レアケースと言われている。キツネ目の男は、運に助けられ、このレアケースの中に紛れ込むことができたのである。

しかし、いまや機動力と鑑定能力の向上がはかられ、同様の事件が起きても未解決に終わる可能性はまずないと言っていい。

本書は、『週刊現代』誌上で連載した「かい人21面相は生きている　グリコ森永事件27年目の真実」（第一部2010年12月18日号～2011年2月26日号、第二部2011年7月16・23日合併号～2011年10月15日号）をベースに、あらたな取材を加え、全面的に改変したものである。連載終了から本書の誕生までに約10年もの年月を要したのは、私自身がグリコ森永事件の呪縛の網にからめとられたからだった。その網の中でもがきながら、取材を続けたことで、連載時には見えなかった真相がより明確になった。

この複雑な事件の事実関係を漏らすことなく確認し、正確性を担保してくれたのは講談社校閲二部の皆さんである。

取材をはじめて今日まで長い時間を要したが、その間、警察庁はじめ大阪府警、兵庫県警など当時の捜査指揮官や捜査員のかたがたからは、懇切丁寧なご教示を得ることができた。ともすれば批判的になりがちな私の質問に対しても、率直に、知り得る限りの事実を語ってくれた真摯《しんし》な姿勢には感動すら覚えた。また事件当時、毎日新聞大阪本社社会部で大阪府警担当だった吉山利嗣さんからは、一方ならぬご指導をいただいた。吉山さんの的確なアドバイスがなければ、とうてい事件の真相を捉え直すことはできなかった。

本書の誕生にご協力とご支援の手を差し伸べてくれたすべてのかたがたに、この場を借りて心よりお礼申し上げたい。

２０２１年３月

岩瀬達哉

グリコ森永事件 関連年表

1984(昭和59)年3月

18日(日)	● 江崎グリコ・江崎勝久社長を、自宅で入浴中に誘拐
19日(月)	● ✉ 犯人は、グリコの藤江弘毅取締役の自宅に電話。大阪府高槻市の公衆電話ボックス内に、身代金１０億円と金塊１００キロを要求する脅迫状 「人質はあづかった 現金１０億円と金１００kgをよおいしろ」
20日(火)	● 二度目の脅迫電話
21日(水)	● 江崎社長、水防倉庫を脱出
22日(木)	
23日(金)	
24日(土)	
25日(日)	
26日(月)	
27日(火)	
28日(水)	
29日(木)	
30日(金)	
31日(土)	

↑ 大阪府下の公立学校《春休み》3月20日〜4月8日

● = 犯人の動き

✉ = 脅迫状

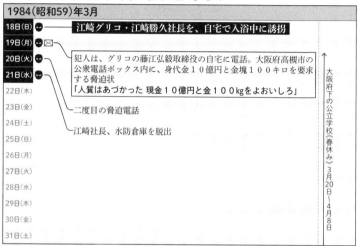

4月

大阪府下の公立学校《春休み》3月20日〜4月8日

1日(日)	
2日(月) ✉	「勝久え これは けいさつえ みせるな ようもやくそく やぶって にげおったな…おとしまえの 金は おまえのかぞく 一人1000万 6人で6000万や」 「4月8日 ごご7じに おまえの うちの ×× え TEL する…甲子えん学えん 東のきっさ店 マミーで またせとけ」 「金だすなら 4月5日か7日の まい日と よみうりと あさひの 求人こうこくえ 下のこうこくを のせろ」 「てちがいあったら 15日の日ように おなじこと くりかえす」 （江崎社長宅宛）
3日(火)	
4日(水)	
5日(木)	
6日(金)	
7日(土) ✉	「けいさつのあほどもえ」 「ハンデーありすぎやからヒントおしえたる…つこうた車はグレーや　たべもんはダイエーでこうた」 （消印＝大阪中央）
8日(日)	身代金の額を6000万円に引き下げたうえで、受け渡し場所として江崎邸近くの喫茶店「マミー」を指定。警察は捜査網を敷くが、犯人現れず
9日(月)	
10日(火)	「マミー」での裏取引に応じず、警察に知らせた報復としてグリコ本社とグリコ栄養食品を連続放火
11日(水)	
12日(木)	
13日(金)	
14日(土)	
15日(日) ✉	「8日は あほどもが あほなこと しておった」 「どうしても 死にたくなければ 金をだせ」 「いばらき市の 野野宮の あけぼの橋の 下に すこし えんさんを おいた」 「会社も つぶしたる コンチマシンを マイトで つぶす」 「はよう 新聞こうこく だせ」
16日(月)	脅迫状どおり、安威川にかかる曙橋で濃塩酸の入ったポリタンクが発見される
17日(火)	
18日(水)	
19日(木)	グリコ・犯人への応答として尋ね人広告を掲出「太郎すぐかえれ　愛犬タローも　まっている　妹より」
20日(金)	
21日(土) ✉	「4月24日火よう日 ごご7じ 30分 TELする…豊中市 上島津のレストラン ダンヒル…で 金もって まっとれ」 （グリコ監査役宅宛）
22日(日)	
23日(月)	
24日(火)	女の声のテープ 二度目の裏取引を持ち掛け、「レストラン・ダンヒル」で待機するよう指示。犯人は、警察の捜査網を察知し現れず
25日(水)	
26日(木)	
27日(金)	
28日(土)	
29日(日)	
30日(月)	

5月

1日(火)
2日(水)
3日(木)
4日(金)
5日(土)
6日(日)
7日(月)
8日(火)

9日(水) — マスコミ宛の挑戦状でグリコの製品に青酸ソーダを入れ、全国にばら撒くと通告
「まづしいけいさつ官たちえ」
「グリコは なまいき やから わしらが ゆうたとおり グリコの せい品に せいさんソーダ いれた」
「グリコを たべて はか場え いこう」
(消印＝大阪中央)

10日(木)
11日(金)
12日(土)
13日(日)
14日(月)
15日(火)

16日(水) — **「ダイエーの 社長え」**
「ほかの スーパーえ おまえの とこから れんらく しとけ」
(消印＝大阪中央)

17日(木)
18日(金)
19日(土)

20日(日) — **裏取引に応じるなら、２２、２３日に、グリコ本社中央研究所の敷地に、赤・赤・赤・白・赤の順で車を並べろ**
(長岡香料宛)

21日(月)

22日(火)・**23日(水)** — 指示どおり並べられたグリコの車を、犯人らは確認（車を整列させる）

24日(木) — **「２６日土よう日 ごご7じ４５ふん…ロッテリア イバラキ店…ＴＥＬして れんらくするんや」**
「白の カローラに 金のせて 駐車場で まて」
(長岡香料宛)

25日(金)

26日(土) — ロッテリア茨木店
グリコは、警察に知らせず裏取引を試みるが、犯人からの電話の指示を聞き取れず、裏取引に失敗。翌日、警察に謝罪し、以後は警察の指示に従うと誓う

27日(日)
28日(月)

29日(火) — **「勝久え 6月2日 土よう に やりなおす」**
(長岡香料宛)

30日(水)

31日(木) — **「やき肉大同門で…社いん ２人 白のカローラに 金のせて まて」**
(長岡香料宛)

6月

1日(金)	
2日(土)	淀川の堤防道路でデート中のカップルを襲い、恋人を人質に取ったうえで元自衛隊員の男性に焼き肉店「大同門」に3億円を積んだグリコの車を受け取りに行くよう強要。元自衛隊員が「誤認逮捕」され、犯人はすんでのところで逮捕を逃れる
3日(日)	
4日(月)	
5日(火)	
6日(水)	
7日(木)	
8日(金)	
9日(土)	
10日(日)	
11日(月)	
12日(火)	
13日(水)	
14日(木)	
15日(金)	
16日(土)	
17日(日)	
18日(月)	
19日(火)	
20日(水)	
21日(木) ✉	**丸大食品へ脅迫状** ５０００万円を要求 **「羽賀 え」** **「ハムでも ソーセージでも 注しゃき つこたら せいさん いれられる」** **「<u>６月２８日もくよう日 ごご８じ</u>に ×× え ＴＥＬする」** **「金だす あいずに ６月２６日と２７日の 毎日とサンケイの きんき地域版の こおこく だせ」** (丸大食品社長宅宛)
22日(金)	
23日(土)	
24日(日)	グリコ・不屈の広告「ともこちゃん、ありがとう」
25日(月) ✉	**「全国のファンのみなさんえ」** **「わしら もう あきてきた…ナカマの うちに ４才の こども いて まい日 グリコ ほしい ゆうて ないている」** (消印＝京都中央)
26日(火)	「大同門」で警察に逮捕されかかった犯人は、グリコからカネを取ることをあきらめる一方、マスコミ宛の挑戦状でグリコからカネを取ったかのように装い、**「グリコゆるしたる」**との終結宣言を出す 丸大・犯人の指示で「パート募集」の広告をだす
27日(水)	丸大・犯人の指示で「パート募集」の広告をだす
28日(木)	丸大食品の社員に扮した捜査員が、犯人の指示に従い国鉄高槻駅から京都駅に向かう。電車の中の不審な男を捜査員がマーク。翌日、「キツネ目の男」の似顔絵を作成
29日(金)	
30日(土)	

7月

1日(日)

「２８日は雨降って気分悪いよってやめた。次は７月６日金曜日や。吹田の新芦屋上 13 の小森の家のまえに白のカローラ置いて運転手のせておけ」

2日(月)

3日(火)

4日(水)

5日(木)

6日(金)

京都深草のバス停へ
「異様な唸り声と響き」の録音テープで指示
丸大食品への二度目の裏取引を持ちかけた際、言語障害のある10歳前後の男児の声で、現金の持参先を指示

7日(土)

8日(日)

9日(月)

10日(火)

11日(水)

ハウス食品工業・明治製菓・雪印乳業など食品メーカー７社へ警告状

「わしらなにか用あれば 勝久の声のテープ いっしょにおくる」(消印＝寝屋川)
「にせもんに 金はろたら あかんで」(消印＝京都中央)

12日(木)

13日(金)

14日(土)

15日(日)

16日(月)

17日(火)

18日(水)

19日(木)

20日(金)

21日(土)

ジャスコ・ニチイなど４社に警告状

⋮

大阪府下の公立学校
《夏休み》
7月21日～8月25日

8月

⋮

25日(土)

26日(日)

27日(月)

28日(火)

29日(水)

30日(木)

31日(金)

9月	
1日(土)	
2日(日)	
3日(月)	
4日(火)	
5日(水)	
6日(木)	
7日(金)	
8日(土)	
9日(日)	
10日(月)	
11日(火)	
12日(水)	**森永製菓へ脅迫状** １億円を要求。封筒には、青酸ソーダ入り森永製品や江崎社長が監禁されていた時の肉声テープが入れられていた 「グリコの そんで もおけて わるい おもっとるやろ もうけた なかから １億円 だせ」 「けいさつえ しらせたら おまえの会社 つぶしたる 会長 社長は さろてきて 生きたまま えんさんの ふろに つけて 殺したる」 「９月１８日火よう日に 金 もらう」 「ＴＥＬの 声は 変やけど ききとるんやで」 （森永関西販売本部　郵便受けで発見）
13日(木)	
14日(金)	
15日(土)	
16日(日)	
17日(月)	
18日(火)	森永製菓の社員に扮した捜査員が、犯人の指示に従い京阪本線守口市駅前のマンホールの上に置かれたポリ容器に１億円を入れる。犯人現れず
19日(水)	
20日(木)	森永製菓は記者会見で、犯人の要求に応じないと宣言
21日(金)	
22日(土)	
23日(日)	「ひつこい おまわりさん たち え」 「このまえの 森永の ＴＥＬ あれ なんや サラリーマンはＴＥＬで りょおかい なんて いわへんで」 （消印＝京都東山）
24日(月)	
25日(火)	
26日(水)	
27日(木)	
28日(金)	
29日(土)	
30日(日)	

10月

1日(月)
2日(火)
3日(水)
4日(木)
5日(金)
6日(土)

7日(日) ☻ ✉

「どくいり きけん」と書かれた青酸ソーダ入り森永製品が、兵庫、大阪、京都、愛知のスーパーやコンビニなどで次々発見される

「全国の おかあちゃん え」
「かしやったら なんとゆうても 森永やで わしらが とくべつに あじつけたった 青さんソーダの あじついて すこしからくちや」

すずき　しかた
そろそろ やめまひょか　しかた ありまへんな（消印＝尼崎）

「わしらに さからいおったから 森永つぶしたる」
「青さんいりの かし ５０こ よおい してある このうち はんぶんは グリコの とき わしらに さかろうた 西友に おいたる ２０こには どくいりの 紙 はってある ３０こには はっとらん たからさがしやで」
（消印＝西宮東）

8日(月)
9日(火)
10日(水)

11日(木) — グリコへと森永製菓への脅迫電話で流された、録音された女の声と男児の声を公開

12日(金)

13日(土) ✉

「クイズ ＮＨＫ に おくった 青さんソーダで なん人 殺せる でしょうか かいとうを おくってきた もんの なかから ちゅうせんで １０人に 青さんいり 森永せい品を おくります」
（消印＝大阪南）

14日(日) ☻ — 関西の西友２店へ、青酸ソーダ入り森永製品を池袋から投函

15日(月) — 青酸ソーダ入り森永製品が置かれたコンビニの棚に手をのばす「ビデオの男」の画像を公開
兵庫県川西市の関西西友・多田店で、「どくいり きけん」のシールがはがれた青酸ソーダ入り森永製品が発見

16日(火) — 全国のスーパー、コンビニなどからすべての森永製品が撤去される

17日(水) — 流通から締め出された森永製菓は、自社製品をビニール袋に詰めた「千円パック」を街頭で販売

18日(木)
19日(金)
20日(土)

21日(日) ☻ — 池袋サンシャインビル近くにあるファミリーマート埼玉・城北地区本部事務所の郵便受けに〈どくいり きけん〉シールを貼った森永製品を入れる

22日(月)
23日(火)
24日(水)
25日(木)
26日(金)
27日(土)
28日(日)
29日(月)
30日(火)

31日(水) ✉

「１１月 ５日と ６日の まいにち新聞で へんじ するんや たづね人つかえ」
（消印＝京都向日町）

「ビデオの 男 ええ 男 やないか」
「警さつが そうさ やめたら 青さん ばらまくの やめたる ええ とりひきや」
（消印＝明石）

11月	
1日(木)	森永・犯人への返事として、尋ね人広告を掲出
2日(金)	
3日(土)	
4日(日)	
5日(月)	
6日(火)	**ハウス食品へ脅迫状** 1億円を要求する脅迫状や青酸ソーダ入りのハウス製品を総務部長の自宅郵便受けに入れる 「レストラン さと ふしみ店…で 11月14日 水よう ごご7じ30分に まて」 「ハウスのカレーは からいで」
7日(水) ✉	「7月に タカツキの 会社と とりひき した CMであるやろ わるでも ええ かい人21面相の ように なって くれたら あの 会社や けいさつえしらせおって まだ 金だしおらへん 1億の かしや」 (消印＝東京下谷)
8日(木)	
9日(金)	
10日(土)	
11日(日)	
12日(月)	
13日(火) ✉	「230 1230 745 600 や 3か所 5ふん はじめ10分 かかっても 55分 かからへん」 「いま 森永 あいてに いそがしい ひま できたら れんらく する」 (消印＝生駒)
14日(水)	ハウス食品との裏取引の指定日。滋賀県栗東町の、名神高速道路と交差する県道に潜んでいたキツネ目の男を、通常警邏のパトカーが職務質問。カーチェイスの末、車を乗り捨て犯人は逃走
15日(木)	
16日(金)	
17日(土) ✉	「とりひき するなら まえふく社長 え ゆうたよおに 毎日新聞に こおこく だせ 11月20日 21日 22日 女子ぼしゅう…これを キャンデーストアの どこかの 店の なまえ で だせ」 (消印＝茨木)
18日(日)	
19日(月)	
20日(火)	森永・2回目の広告「キャンデーストア」女性店員募集
21日(水)	
22日(木) ✉	「川内はん え」 「わしら こじきや ない 金 ほしければ 金もちや 会社から なんぼでも とれる」 「わしらの人生 くらかった」 「6月2日の 3億円の とき わしら ポリ公と あいさつ しとんねん…コピーの きかい 京大の ちかくの 百万へんの コピーやに あるで」 (消印＝伏見)
23日(金)	
24日(土)	
25日(日) ✉	「せやけど 11月14日は なさけなかったで」 「わしら だまされた ふりして けいさつの くんれん しとるんや 感しゃ してや」 (消印＝京都向日町)
26日(月)	
27日(火)	
28日(水)	
29日(木) ✉	「12月3日から 8日までに 全国の サンケイと 毎日に こおこく だせ…社員の7さいの 女のこの 手紙 こどもの じで のせるんや」 「こおこく でたら 金の うけわたし おしえたる」 (消印＝枚方)
30日(金)	

12月

1日(土)
2日(日)
3日(月)
4日(火)
5日(水) ✉

「森永 どおして えらんだか…まえに ひそで どくの こわさ よおしっとるや ないか 社長 よほど あほや なかったら わしらの ゆうこと きくはずや」
(消印＝名古屋中央)

6日(木)
7日(金)

森永・３回目の広告、子供の手紙「かい人２１面相さんへ」

8日(土)
9日(日)
10日(月)
11日(火)

不二家へ脅迫状
１億円を要求
「クリスマス ふぢやのケーキで きゅうきゅうしゃ…金 だすなら １２月１１日 火よう日 ごご9じ 田じりの うちえ ＴＥＬする」

12日(水)
13日(木)
14日(金)
15日(土) ✉

「１２月９日 よる わしら 兵ご県の あるところで ある会社から １億 とったで」
「1月１５日までに アジト みつけたら １億 とれるで」
(消印＝高槻)

16日(日)
17日(月) ✉

「１２月９日 ごご９じに １億 とった ばしょは やしろインターの ちかくや」
(消印＝東京下谷)

18日(火)
19日(水)
20日(木)
21日(金)
22日(土)
23日(日)
24日(月)
25日(火)
26日(水) ✉

「けいさつ １じかんも おくれて きおった バスてい ちかくの 道ろの まん中で ちづ ひらいて 相だんしとる 特しゅ班の あほも おった わしら ないたで」
「これが ことし さいごの 手紙や らい年も １５日まで 手紙 ださへん」
(消印＝なし／名古屋市内)

27日(木)
28日(金) ✉

「藤井の あほ へ…会社 つぶすか 金だすか 正月 ゆっくり かんがえて みるんやな」
(都内スーパー社長宅宛)

29日(土)
30日(日)
31日(月)

大阪府下の公立学校《冬休み》12月26日～1月7日

1985(昭和60)年1月

大阪府下の公立学校《冬休み》12月26日～1月7日

1日(火)	
2日(水)	
3日(木)	
4日(金)	
5日(土)	
6日(日)	
7日(月)	
8日(火)	
9日(水)	
10日(木)	キツネ目の男の似顔絵を公開
11日(金)	
12日(土)	
13日(日)	
14日(月) ✉	**「ええ 正月 やったな」 「あつめる 金の もくひょうは １３億や」 「森永には 正月の おとしだま やろう おもてる」** (消印＝岡山中央)
15日(火)	
16日(水) ✉	森永製菓へのお年玉と称し、読売新聞大阪本社の北側玄関に青酸ソーダ入りの森永「千円パック」を放置 **「やくそく どおり おとしだま やるで せいさんいりの 千円パック や よお うれるで」**
17日(木)	
18日(金)	
19日(土)	
20日(日)	
21日(月)	
22日(火)	
23日(水)	
24日(木)	
25日(金) ✉	**「わしら 正月 おんせんで かるた つくった ファンの みなさんに おしえたろ」** (消印＝寝屋川)
26日(土) ✉	**「チョコレート類と薬品を製造している」中堅製菓へ脅迫状**
27日(日)	
28日(月)	ハウスに脅迫電話
29日(火)	
30日(水)	
31日(木)	

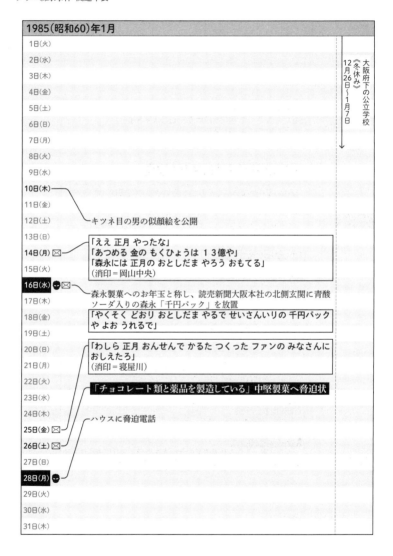

2月

1日(金) ✉
「週刊読売 へんしゅう部 え」
「ぜにも ださんで 手記かけゆうの むしよすぎるで」
「かるたの つづき おしえたろ」
(消印＝大阪中央)

2日(土)
3日(日)
4日(月)
5日(火)

6日(水) ✉
〈ゆるした〉グリコへふたたび脅迫状
6億円を出すなら、名古屋の展望台から2000万円を撒けと要求
「ひさしぶりやな 水ぼうそおこ いらいやで」「犯罪はスポーツや」

7日(木)
8日(金)
9日(土)
10日(日)
11日(月)

12日(火) ✉
バレンタインデーをまえに、東京と名古屋で〈どくいり きけん〉チョコレートをばらまく。名古屋のポストにいた「濃いマユ、大きな目で鼻筋の通った色白美人」を不審人物として、愛知県警がモンタージュ写真を作成
「かし会社の えらいさん え」
「バレンタイン ふたりそろって あの世ゆき めをむいて ペコちゃんポコちゃん はかのなか」
(消印＝名古屋)

13日(水)
14日(木)
15日(金)
16日(土)
17日(日)
18日(月)
19日(火)
20日(水)
21日(木)
22日(金)
23日(土)
24日(日)

25日(月)
苦境にある森永製菓の様子を、NHKがドキュメンタリー番組として放送

26日(火)

27日(水) ✉
NHKの番組を見た犯人から「森永ゆるしたろ」の終結宣言が、茨木署下穂積派出所の玄関ドアの下に置かれる
「NHK の テレビ みたで 高木 ええ 男 や ないか とおちゃんの はかもり しおって なかせるで」
「森永 ゆるしたろ」
(茨木署下穂積派出所ドア下で発見)

駿河屋へ脅迫状
3月8日夜、5000万円をのせた車を指示どおりに走らせ、吹田市のレストランにつけろ。レストランで指示書をおしえる

28日(木)

3月

1日(金)
2日(土)
3日(日)
4日(月)
5日(火)
6日(水) ✉ ─ 役員宅へ連絡
7日(木) ✉ ─ 役員宅へ連絡
8日(金) ● ─ 姿見せず
9日(土)
10日(日)
11日(月)
12日(火)
13日(水)
14日(木)
15日(金)
16日(土)
17日(日) ● ✉
18日(月)
19日(火)
20日(水)
21日(木)
22日(金)
23日(土)
24日(日)
25日(月)
26日(火)
27日(水)
28日(木)
29日(金)
30日(土)
31日(日)

(6日・7日 ✉)
3月8日午後7時、豊中市緑丘のレストラン・グラーヴでまて
8日取り引きするのは、しばらく延期や。金用意して半年くらいまっとれ

(17日 ✉)
「かい人21面相ファンクラブの みなさん え」
「もお 1年や」
「けいさつや マスコミ わしら 1しゅう年に なんかする ゆうとる やる ゆうたら わしら やる せやけど さきの はなしや」
「なつまでに ごついこと やったるで」
(大阪城天守閣で発見)

大阪府下の公立学校《春休み》 3月20日～4月8日

4月

1日(月)
2日(火)
3日(水) ✉ 「週かん 読売と サンデー 毎日の へんしゅう部 え」
「まえ 手記 かくゆうたから かいた」
「丸大 なんで いびったか…ちょっと びびったったら 金 だすやろ わしら けえかく つくった」
「丸大の ときは けいさつ しっとるか わからへん かった わしは 5ぶ5ぶ おもおとった」
(消印＝摂津)
4日(木)
5日(金)
6日(土)
7日(日)
8日(月)
9日(火)
10日(水)
11日(木)
12日(金)
13日(土)
14日(日)
15日(月)
16日(火)
17日(水)
18日(木)
19日(金)
20日(土)
21日(日)
22日(月)
23日(火)
24日(水)
25日(木)
26日(金)
27日(土)
28日(日)
29日(月)
30日(火)

大阪府下の公立学校《春休み》 3月20日～4月8日

5月

6月

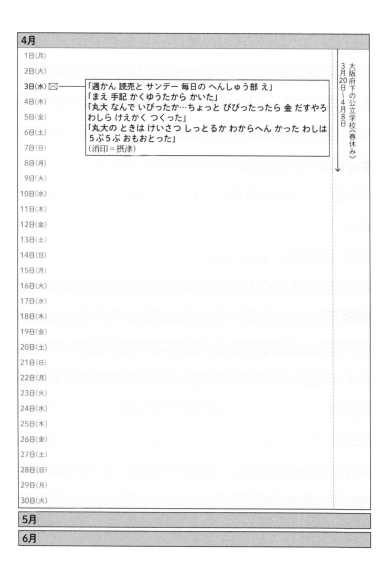

7月

8月

1日(木)
2日(金)
3日(土)
4日(日)
5日(月)
6日(火)
7日(水) 滋賀県警の山本昌二本部長が、公舎で焼身自殺
8日(木)
9日(金)
10日(土)
11日(日) ✉ マスコミ宛の挑戦状で犯行終結宣言
「国会ぎいんの みなさん え 2」
「たたきあげの 山もと 男らしうに 死によった さかいに わしら こおでん やることにした くいもんの 会社 いびるの もお やめや」
「まだ なんぼでも やること ある 悪党人生 おもろいで」
(消印＝摂津)
12日(月)
13日(火)
14日(水)
15日(木)
16日(金)
17日(土)
18日(日)
19日(月)
20日(火)
21日(水)
22日(木)
23日(金)
24日(土)
25日(日)
26日(月)
27日(火)
28日(水)
29日(木)
30日(金)
31日(土)

大阪府下の公立学校《夏休み》7月21日〜8月25日

時効

1994年3月21日	江崎社長に対する身代金目的誘拐等事件が時効
6月 2日	寝屋川市のアベック強盗致傷事件が時効
1999年10月7日〜10月9日	青酸ソーダ入り森永製品をコンビニなど１１店舗に置いて回った青酸菓子放置殺人未遂事件が時効
2000年2月13日	１９８５年のバレンタインデー直前に、大手菓子メーカー５社の製品に青酸ソーダを混入させデパートなどに置いて回った青酸菓子殺人未遂事件が時効となり、完全時効が成立

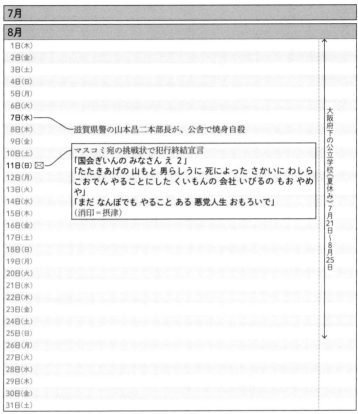

参考文献

●書籍

『取材と報道―新聞編集の基準』日本新聞協会（財団法人日本新聞協会、1980年）
『警官汚職』読売新聞大阪社会部編（角川書店、1984年）
『ドキュメント・危機管理――グリコ・森永事件の教訓』日本経済新聞社編（日本経済新聞社、1985年）
『捜査指揮官―37年間の記録』川畑久廣（朝日ソノラマ、1993年）
『グリコ・森永事件』朝日新聞大阪社会部（朝日文庫、1994年）
『闇に消えた怪人―グリコ・森永事件の真相』一橋文哉（新潮社、1996年）
『平気でうそをつく人たち―虚偽と邪悪の心理学』M・スコット・ペック（草思社、1996年）
『日本の警察―「安全」と「平和」の崩壊連鎖』川邊克朗（集英社新書、2001年）
『グリコ・森永事件「最終報告」真犯人』森下香枝（朝日新聞社、2007年）
『阪神大震災・グリコ森永 vsジャーナリスト―権力と市民の間で何をしたか』関西地区マスコミ倫理懇談会50周年記念誌企画委員会編（日本評論社、2009年）
『犯人は知らない科学捜査の最前線！』法科学鑑定研究所（メディアファクトリー、2009年）
『封印――警官汚職』津島稜（角川書店、2010年）
『未解決事件　グリコ・森永事件　捜査員300人の証言』NHKスペシャル取材班（新潮社、2018年）
『食品・農業バイオテロへの警告―ボーダーレスの大規模犠牲者時代に備えて』松延洋平（日本食糧新聞社、2020年Kindle版）

●論文、雑誌記事

「『かい人21面相』に操られた兜町・北浜のグリコ、森永、株価狂騒曲」秋山勉（『宝石』1984年12月号）
「特別手記完結編　新聞が衰退するとき　―ついに〝黒田軍団〟は壊滅、読売の前途は暗い」黒田清（『文藝春秋』1987年5月号）
「脅迫文の分析と解釈―江崎グリコ事件から」芳賀純（『筑波応用言語学研究』1994年12月25日号）
「捜査雑感」篠原弘志（『警察時報』警察時報社、1995年10月号）

「刑事の記録」曽根次郎（『日刊警察』2003年8月15日〜10月3日）
「グリコ事件と朝日新聞襲撃は同一犯（上、下）」井内康文（『メディア展望』2012年3月号&4月号）

●映像

『NHK特集企業の選択―脅迫された森永製菓』（1985年2月25日放送）
『JNNニュースコープ』（1985年12月28日放送）
『新　夢千代日記　全集』（NHKエンタープライズ、2002年）
『華麗なる賭け』（20世紀フォックス・ホーム・エンターテイメント・ジャパン、2009年）
『ハイネケン　誘拐の代償』（KADOKAWA、2015年）
『天国と地獄』（朝日新聞出版　黒澤明DVDコレクション通巻5号、2018年）

ほかに『朝日新聞』『毎日新聞』『読売新聞』『産経新聞』『日本経済新聞』など当時の新聞記事を参照しました。

引用文献一覧

序章

9ページ　12月28日、雪　……「新　夢千代日記」

9ページ　ふたりの男が入って……『グリコ・森永事件』12ページ

12ページ　裏でドロボーという……『グリコ・森永事件』12ページ

13ページ　『強盗です、助けて　……『グリコ・森永事件』12ページ

14ページ　なんでこんなことす……『グリコ・森永事件』40ページ

14ページ　当たり前やないか、……『グリコ・森永事件』40ページ

16ページ　――社長が何かを知……読売新聞1984年5月15日付

18ページ　来る十二月二十三日……グリコ新聞1948年12月15日付

第1章

40ページ　全川に縦貫させる　……『淀川百年史』1712ページ

52ページ　大阪、兵庫両府県警……毎日新聞1984年6月4日付朝刊・早版

52ページ　『来た！』緊迫　……毎日新聞1984年6月4日付朝刊・早版

52ページ　あざ笑いに耐え　草……毎日新聞1984年6月4日付朝刊・早版

52ページ　1時間　橋の上で　〃……毎日新聞1984年6月4日付朝刊・早版

54ページ　〃第三者〃使い3億　……毎日新聞1984年6月4日付朝刊・最終版

55ページ　毎日が早版ですごい……『文藝春秋』1987年5月号　185ページ

57ページ　グリコ・森永事件犯……読売新聞1984年11月20日付

第2章

70ページ　彼らは、ご立派な体……『平気でうそをつく人たち』101ページ

71ページ　形式的面からの分析……「脅迫文の分析と解釈―江崎グリコ事件から」

引用文献一覧

71ページ　特定の知識を前提と……「脅迫文の分析と解釈―江崎グリコ事件から」

75ページ　新聞の報道で非常に……『取材と報道』45ページ

75ページ　報道を自制する協定……『取材と報道』40ページ

75ページ　グリコ社長を連れ去……朝日新聞1984年3月19日付

75ページ　入浴中、裸のまま……朝日新聞1984年3月19日付

75ページ　『10億円出せ』と脅……朝日新聞1984年3月19日付

79ページ　三十時間はここから……読売新聞1984年3月24日付夕刊

82ページ　グリコ社長　無事保……朝日新聞1984年3月21日付号外

82ページ　誘拐グリコ社長を保……毎日新聞1984年3月21日付号外

93ページ　水防倉庫から安威川……『グリコ・森永事件』70ページ

93ページ　太郎　すぐかえれ……朝日新聞、毎日新聞、読売新聞1984年4月19日付

97ページ　社会部をはじめ編集……『グリコ・森永事件』82ページ

98ページ　関西、中部地方で相……読売新聞1984年5月11日付夕刊

99ページ　10日で約25億円……読売新聞1984年5月18日付

102ページ　冷夏の影響を大きく……「有価証券報告書」1983年6月30日付

103ページ　長岡香料がグリコの……『グリコ・森永事件「最終報告」真犯人』99ページ

109ページ　あの広告は掲載日の……『グリコ・森永事件』135ページ

第3章

113ページ　グリコ事件　休戦状……朝日新聞1984年7月24日付夕刊

132ページ　関西に本拠地をもつ……朝日新聞1984年11月9日付

第4章

150ページ　森永製菓に『数億円……毎日新聞1984年9月20日付夕刊

150ページ　『グリコ』と同一犯　……毎日新聞1984年9月20日付夕刊
160ページ　犯人の脅しに屈する……朝日新聞1984年10月27日付夕刊
162ページ　西友の値札が付いて……毎日新聞1984年10月17日付
165ページ　森永製菓からのお知……各紙に掲載された社告、1984年10月10日付
166ページ　国を挙げての支援措……読売新聞1984年10月23日付
166ページ　全役所並びに地方自……「21世紀食品経営者フォーラム」講演録2004年9月16日
171ページ　はい、キャンデース……朝日新聞1984年12月28日付
181ページ　今までまっくらやみ……読売新聞1985年2月28日付

第5章

197ページ　ちょうど一課長席の……『グリコ・森永事件』288ページ
213ページ　二十七枚のフィルム……『未解決事件　グリコ・森永事件　捜査員300人の証言』225ページ
220ページ　人民新聞社の調査に……「人民新聞」1984年11月21日付号外
220ページ　〝報道協定〟でマス　……『噂の真相』1985年1月号

第6章

233ページ　大変迷惑をかけた。……日本経済新聞1985年8月8日付
233ページ　警察組織には大変世……日本経済新聞1985年8月8日付

第7章

241ページ　合同捜査本部は　……毎日新聞1984年11月8日付夕刊
242ページ　鉛筆やボールペンで……毎日新聞1984年10月9日付
242ページ　35歳前後の女　……読売新聞1986年9月16日付
243ページ　身長一・六〇―一・……読売新聞1986年9月16日付
243ページ　青酸入りの一個が名……読売新聞1986年9月16日付

243ページ　愛知県警がこのポス……読売新聞1986年9月16日付
243ページ　母子のような、ごく……読売新聞1986年9月16日付
251ページ　何の異常もなかった……読売新聞1984年6月26日付夕刊
252ページ　都府県ごと一、二店……毎日新聞1981年6月26日付夕刊
252ページ　アサコ　話ついたす……毎日新聞1981年6月26日付朝刊
252ページ　関東、関西、中部の……朝日新聞1981年6月26日付夕刊
253ページ　食品に青酸化合物を……毎日新聞1978年6月3日付
253ページ　神奈川県大和市内に……毎日新聞1978年6月3日付
256ページ　市民の協力を得なけ……毎日新聞1984年10月12日付
257ページ　盗難被害や不審な購……毎日新聞1984年5月26日付夕刊
終章
274ページ　調査するに当たって……『宝石』1984年12月号
276ページ　阪神百貨店屋上から……読売新聞1985年1月19日付
281ページ　昨年11月中旬以降、……参議院法務委員会議事録、1985年4月2日
285ページ　チョコレート五個　……朝日新聞1985年2月13日付
285ページ　チョコレートなど菓……読売新聞1985年3月10日付
285ページ　関西に営業基盤を置……朝日新聞1985年3月11日付
287ページ　『ニセ21面相』に3　……朝日新聞1986年7月4日付
287ページ　菓子類は子どもが自……朝日新聞1986年7月4日付

岩瀬達哉（いわせ・たつや）
１９５５年、和歌山県生まれ。ジャーナリスト。２００４年、『年金大崩壊』『年金の悲劇』（ともに講談社）により講談社ノンフィクション賞を受賞。同年「文藝春秋」に掲載した「伏魔殿 社会保険庁を解体せよ」で文藝春秋読者賞を受賞。２０２０年、『裁判官も人である 良心と組織の狭間で』（講談社）によって日本エッセイスト・クラブ賞を受賞した。他の著書に、『われ万死に値す ドキュメント竹下登』『血族の王 松下幸之助とナショナルの世紀』（ともに新潮社）、『新聞が面白くない理由』『ドキュメント パナソニック人事抗争史』（ともに講談社）などがある。

キツネ目《め》
グリコ森永《もりなが》事件《じけん》全真相《ぜんしんそう》

二〇二一年三月九日　第一刷発行

著者　岩瀬達哉《いわせたつや》

発行者　渡瀬昌彦
発行所　株式会社 講談社
東京都文京区音羽二丁目一二－二一　郵便番号一一二－八〇〇一
電話 編集 〇三－五三九五－三五二二
販売 〇三－五三九五－四四一五
業務 〇三－五三九五－三六一五
印刷所　株式会社新藤慶昌堂
製本所　大口製本印刷株式会社
定価はカバーに表示してあります。
落丁本・乱丁本は購入書店名を明記のうえ、小社業務あてにお送りください。送料小社負担にてお取り替えいたします。なお、この本の内容についてのお問い合わせは、第一事業局企画部あてにお願いいたします。

ISBN978-4-06-523129-6